LUX GUYER

OBERE SCHIEDHALDE

DIE WIEDERBELEBUNG

EINES WOHNHAUSES   VON 1929

HERAUSGEGEBEN VON
LUDOVIC BALLAND, EMANUEL CHRIST, CHRISTOPH GANTENBEIN, SVEN RICHTER

PARK BOOKS

FOTOGRAFIE

VERMESSUNG
LUDOVIC BALLAND, HANS-JÖRG WALTER

TEXTE

ARCHIV

INNEN, AUSSEN

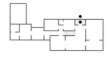

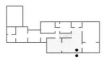

HALLE / ESSZIMMER

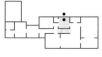

GARDEROBE

GARDEROBE — WOHNZIMMER

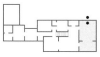

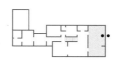

WOHNZIMMER

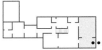

HALLE / ESSZIMMER — VORPLATZ / EINGANG

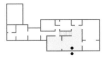

HALLE / ESSZIMMER

HALLE / ESSZIMMER — WOHNZIMMER

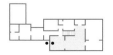

HALLE / ESSZIMMER

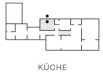

KÜCHE

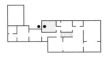

KÜCHE — WOHNZIMMER

KÜCHE — HALLE / ESSZIMMER

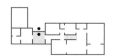

VORPLATZ GÄSTEZIMMER

GÄSTEZIMMER

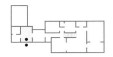

GÄSTEZIMMER

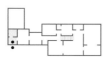

GÄSTEBAD

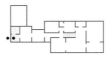

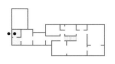

GÄSTEBAD

EINFAHRT — GARAGE

KINDERZIMMER I

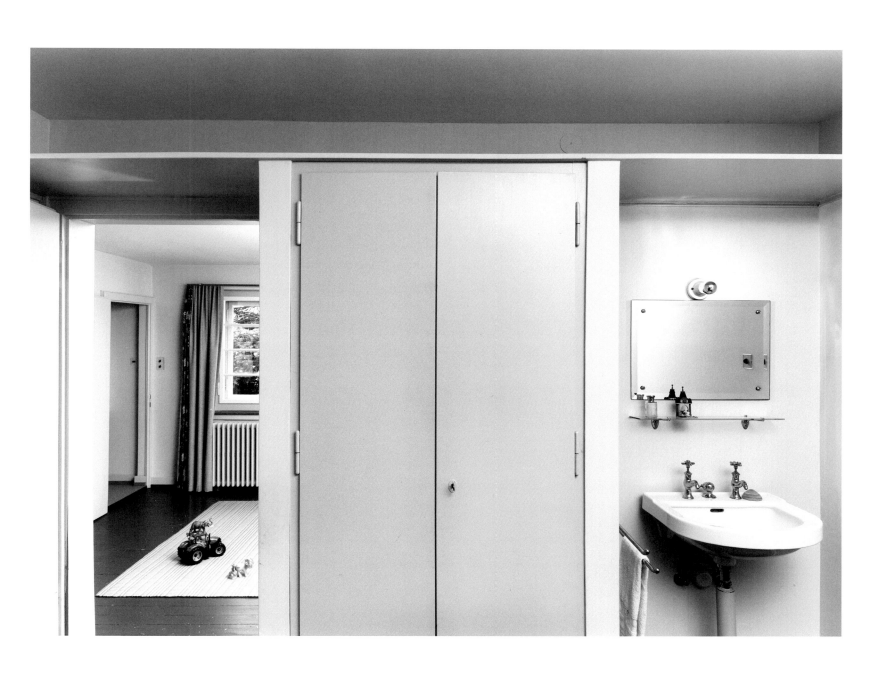

KINDERZIMMER I — KINDERZIMMER II

KINDERZIMMER II

KINDERZIMMER II — KINDERZIMMER I

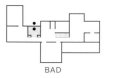

BAD

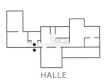

HALLE

SCHLAFZIMMER

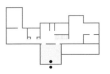

SCHLAFZIMMER — TERRASSE

SCHLAFZIMMER — HALLE

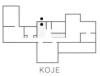

HALLE — KINDERZIMMER III UND STUDIO SOWIE HALLE / ESSZIMMER, ERDGESCHOSS

KINDERZIMMER III

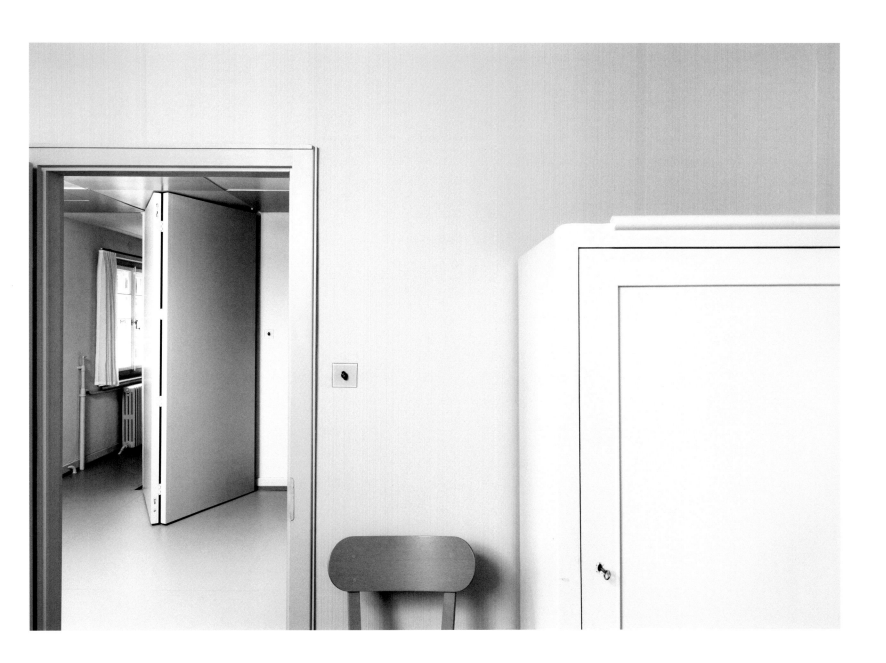

KINDERZIMMER III — HALLE UND KOJE

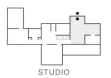

STUDIO

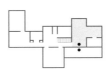

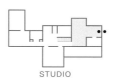

STUDIO

GÄSTEKOJE

DER GARTEN

O.L.   ANEMONE JAPONICA «HONORINE JOBERT» (HERBST-ANEMONE)
O.R.   ARUNCUS DIOICUS (WALD-GEISSBART)
U.R.   NEPETA FAASSENII «SUPERBA» (KATZENMINZE)
S. 65   LONICERA NITIDA (HECKENMYRTE), ROSMARINUS OFFICINALIS (ECHTER ROSMARIN)

O.L.   PHLOMIS FRUTICOSA (STRAUCHIGES BRANDKRAUT)
O.R.   GERANIUM MACRORRHIZUM «SPESSART» (BALKAN-STORCHSCHNABEL)
U.R.   NEPETA FAASSENII «SUPERBA» (KATZENMINZE)
S.67   BRUNNERA MACROPHYLLA (KAUKASUSVERGISSMEINNICHT)

BRUNNERA MACROPHYLLA (KAUKASUSVERGISSMEINNICHT)
AQUILEGIA VULGARIS (GEWÖHNLICHE AKELEI)

CLEMATIS (WALDREBE)

O.L.   CLEMATIS (WALDREBE)
U.L.   AQUILEGIA VULGARIS (GEWÖHNLICHE AKELEI), ALCHEMILLA MOLLIS (FRAUENMANTEL)
U.R.   CLEMATIS (WALDREBE)
S.75   BERGENIA CORDIFOLIA (HERZBLÄTTRIGE BERGENIE)

PRUNUS SARGENTII (SARGENTS KIRSCHE)

S.80
O.L.   PHLOMIS FRUTICOSA (STRAUCHIGES BRANDKRAUT)
O.R.   ROSA CANINA (HUNDSROSE)
                         EPIMEDIUM PINNATUM (SCHWARZMEER-ELFENBLUME),
                         ROSA «ALBERTINE» (GEFÜLLTBLÜHENDE ROSE)
U.R.   BERGENIA CORDIFOLIA (HERZBLÄTTRIGE BERGENIE)

S. 82   EPIMEDIUM PINNATUM (SCHWARZMEER-ELFENBLUME)

NANDINA DOMESTICA (HIMMELSBAMBUS)
PHLOMIS FRUTICOSA (STRAUCHIGES BRANDKRAUT)

FRAGARIA VESCA (WALDERDBEERE)

BEGEGNUNG IM HAUS

88

MÖBEL UND FARBE

BIEDERMEIER-
NACHTTISCH
19. JHD.

BETT «STILO»
CHRISTIAN TANNER
2016

STEHLEUCHTE «GRÄSHOPPA»
GRETA M. GROSSMANN
1947

«EAMES FIBERGLASS CHAIR»
CHARLES EAMES, RAY EAMES
1951

IRANISCHER KELIM

TYPENSCHRANK
LUX GUYER
1929

«IC T1 TABLE LAMP»
MICHAEL ANASTASSIADES
2014

«STERNLAMPE SAFFA-HAUS»
LUX GUYER
1928

«SHANGHAI CHAIR»
INCHFURNITURE
2010

BIEDERMEIER-TISCH
19. JHD.

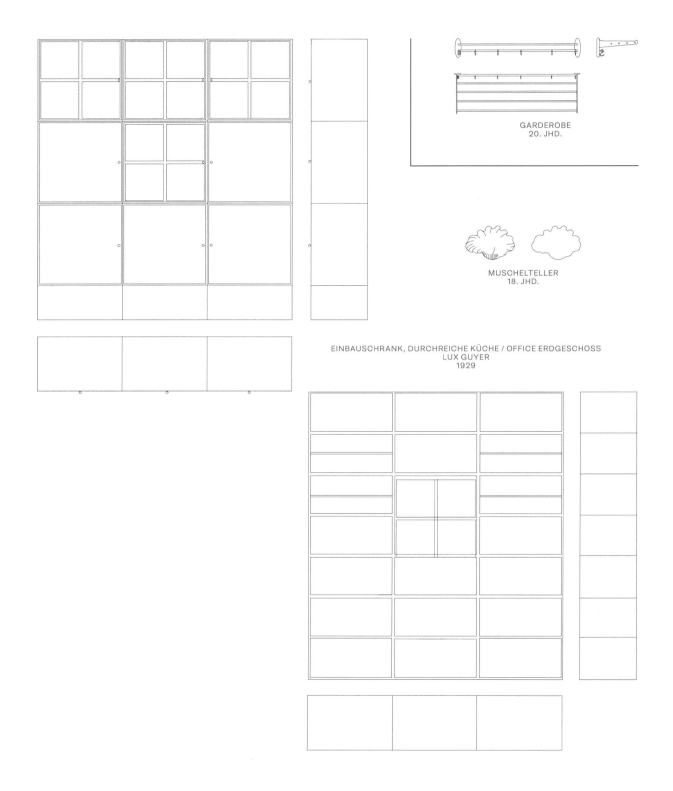

GARDEROBE
20. JHD.

MUSCHELTELLER
18. JHD.

EINBAUSCHRANK, DURCHREICHE KÜCHE / OFFICE ERDGESCHOSS
LUX GUYER
1929

OFFICE UND GARDEROBE

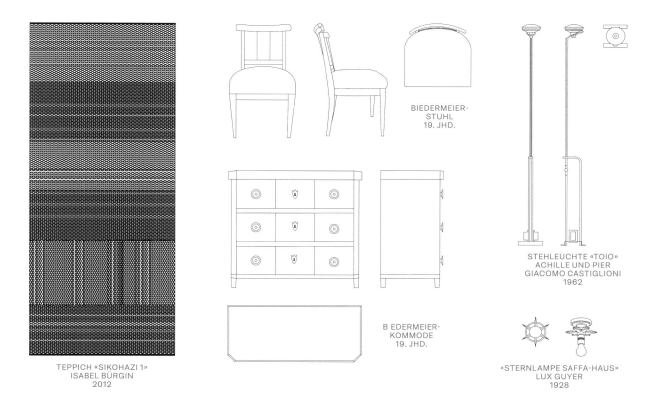

TEPPICH «SIKOHAZI 1»
ISABEL BÜRGIN
2012

BIEDERMEIER-
STUHL
19. JHD.

B EDERMEIER-
KOMMODE
19. JHD.

STEHLEUCHTE «TOIO»
ACHILLE UND PIER
GIACOMO CASTIGLIONI
1962

«STERNLAMPE SAFFA-HAUS»
LUX GUYER
1928

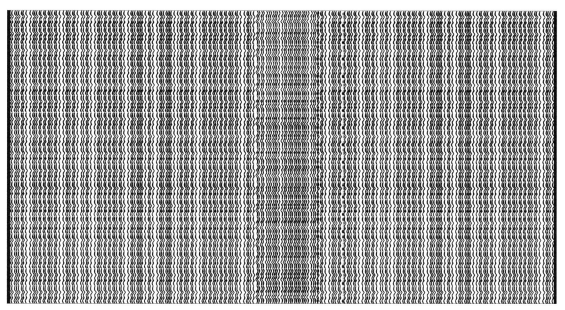

TEPPICH «SIKOHAZI 2»
ISABEL BÜRGIN
2012

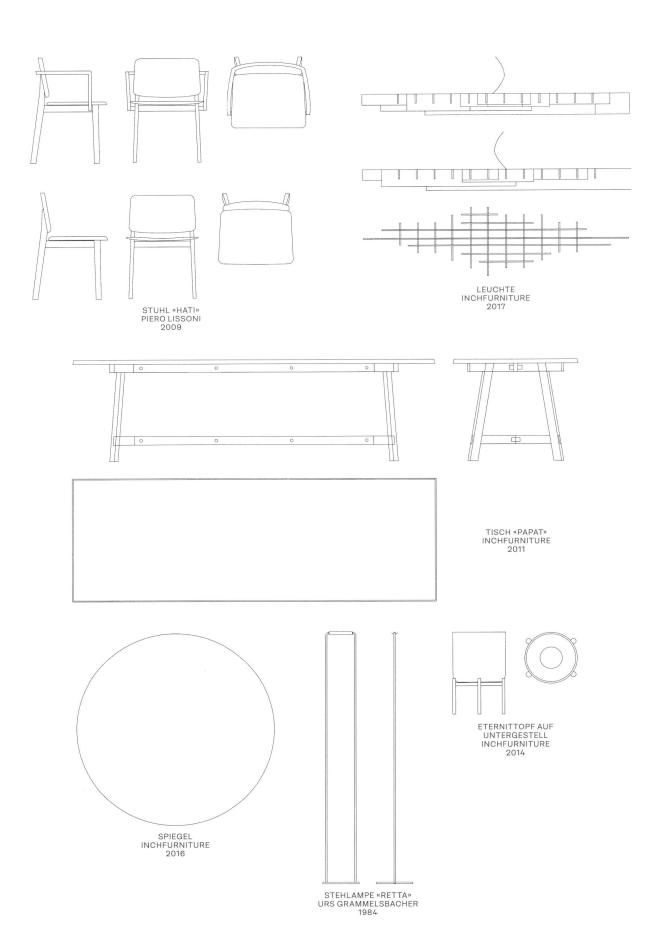

STUHL «HATI»
PIERO LISSONI
2009

LEUCHTE
INCHFURNITURE
2017

TISCH «PAPAT»
INCHFURNITURE
2011

SPIEGEL
INCHFURNITURE
2016

STEHLAMPE «RETTA»
URS GRAMMELSBACHER
1984

ETERNITTOPF AUF
UNTERGESTELL
INCHFURNITURE
2014

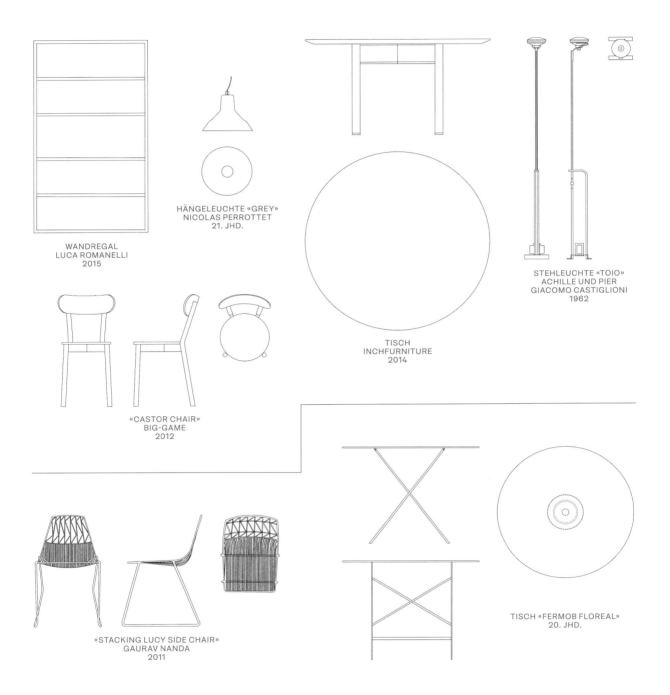

WANDREGAL
LUCA ROMANELLI
2015

HÄNGELEUCHTE «GREY»
NICOLAS PERROTTET
21. JHD.

«CASTOR CHAIR»
BIG-GAME
2012

TISCH
INCHFURNITURE
2014

STEHLEUCHTE «TOIO»
ACHILLE UND PIER
GIACOMO CASTIGLIONI
1962

«STACKING LUCY SIDE CHAIR»
GAURAV NANDA
2011

TISCH «FERMOB FLOREAL»
20. JHD.

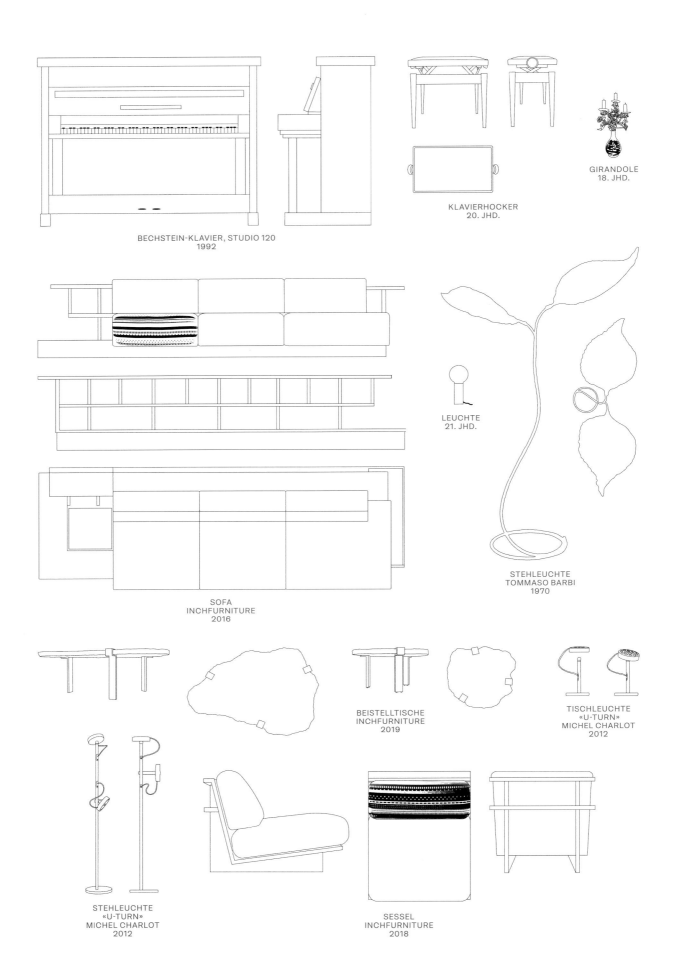

BECHSTEIN-KLAVIER, STUDIO 120
1992

KLAVIERHOCKER
20. JHD.

GIRANDOLE
18. JHD.

SOFA
INCHFURNITURE
2016

LEUCHTE
21. JHD.

STEHLEUCHTE
TOMMASO BARBI
1970

BEISTELLTISCHE
INCHFURNITURE
2019

TISCHLEUCHTE
«U-TURN»
MICHEL CHARLOT
2012

STEHLEUCHTE
«U-TURN»
MICHEL CHARLOT
2012

SESSEL
INCHFURNITURE
2018

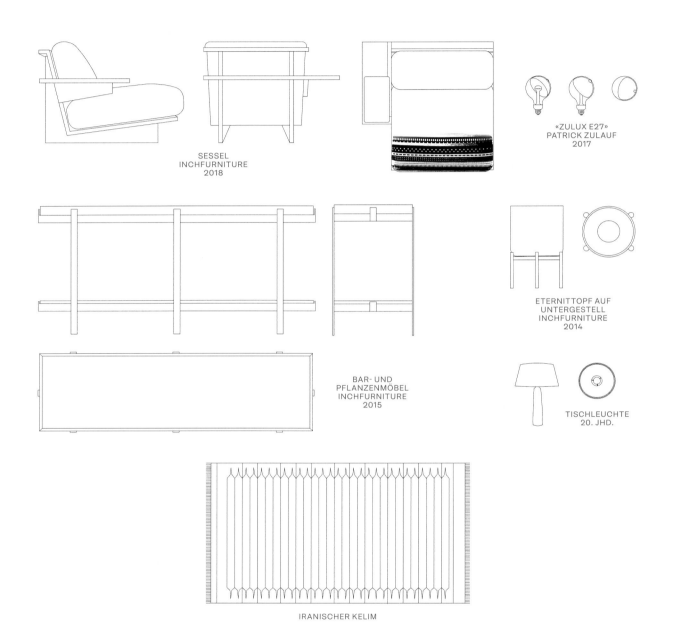

SESSEL
INCHFURNITURE
2018

«ZULUX E27»
PATRICK ZULAUF
2017

ETERNITTOPF AUF
UNTERGESTELL
INCHFURNITURE
2014

BAR- UND
PFLANZENMÖBEL
INCHFURNITURE
2015

TISCHLEUCHTE
20. JHD.

IRANISCHER KELIM

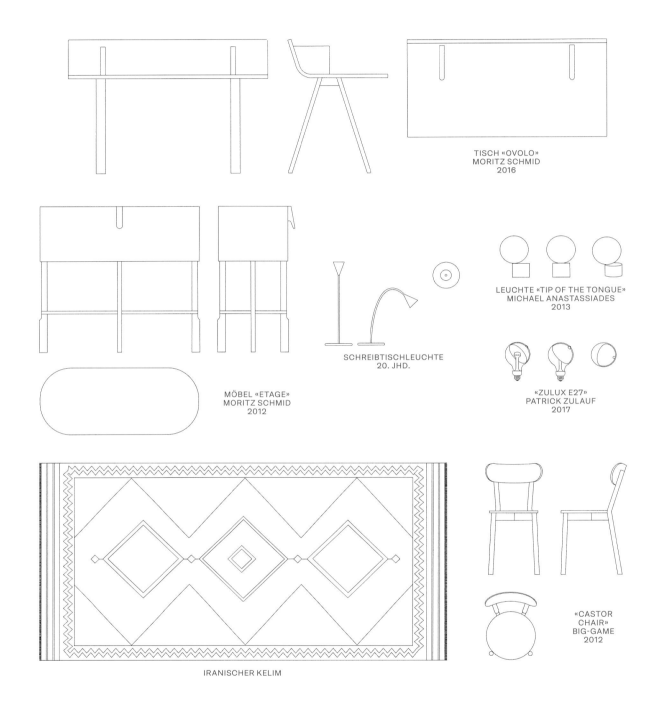

TISCH «OVOLO»
MORITZ SCHMID
2016

MÖBEL «ETAGE»
MORITZ SCHMID
2012

SCHREIBTISCHLEUCHTE
20. JHD.

LEUCHTE «TIP OF THE TONGUE»
MICHAEL ANASTASSIADES
2013

«ZULUX E27»
PATRICK ZULAUF
2017

IRANISCHER KELIM

«CASTOR
CHAIR»
BIG-GAME
2012

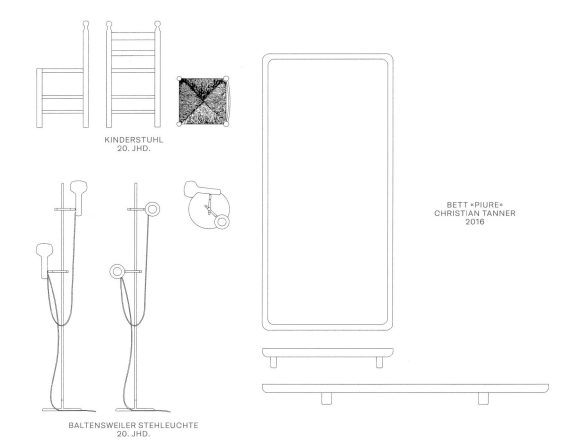

KINDERSTUHL
20. JHD.

BALTENSWEILER STEHLEUCHTE
20. JHD.

BETT «PIURE»
CHRISTIAN TANNER
2016

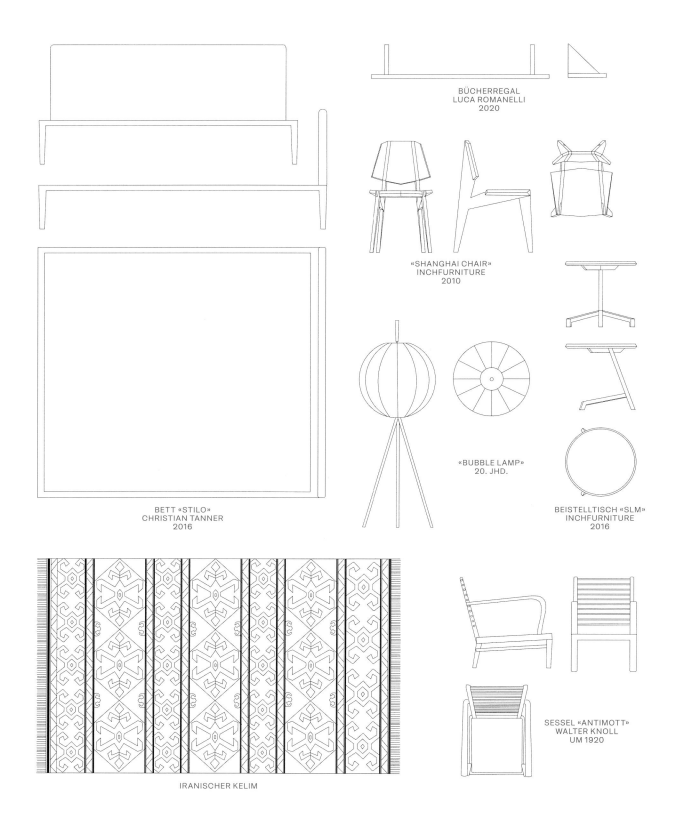

BÜCHERREGAL
LUCA ROMANELLI
2020

«SHANGHAI CHAIR»
INCHFURNITURE
2010

«BUBBLE LAMP»
20. JHD.

BEISTELLTISCH «SLM»
INCHFURNITURE
2016

BETT «STILO»
CHRISTIAN TANNER
2016

SESSEL «ANTIMOTT»
WALTER KNOLL
UM 1920

IRANISCHER KELIM

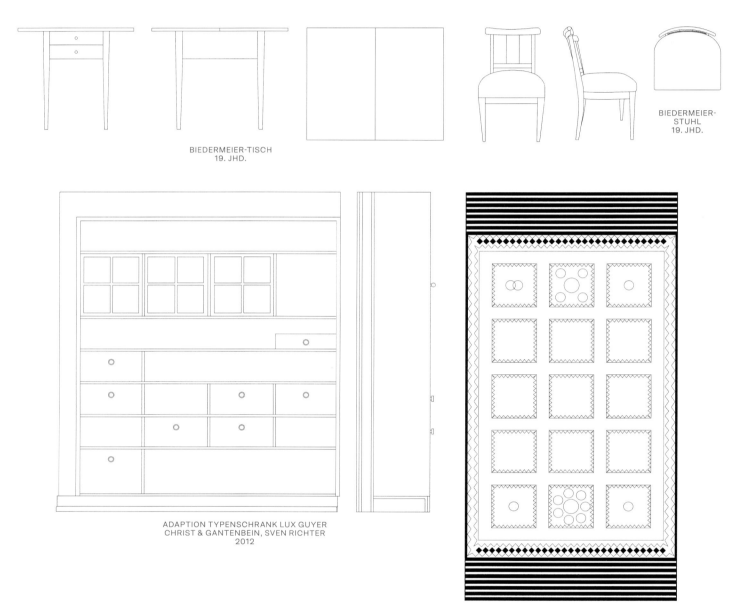

BIEDERMEIER-TISCH
19. JHD.

BIEDERMEIER-
STUHL
19. JHD.

ADAPTION TYPENSCHRANK LUX GUYER
CHRIST & GANTENBEIN, SVEN RICHTER
2012

IRANISCHER KELIM

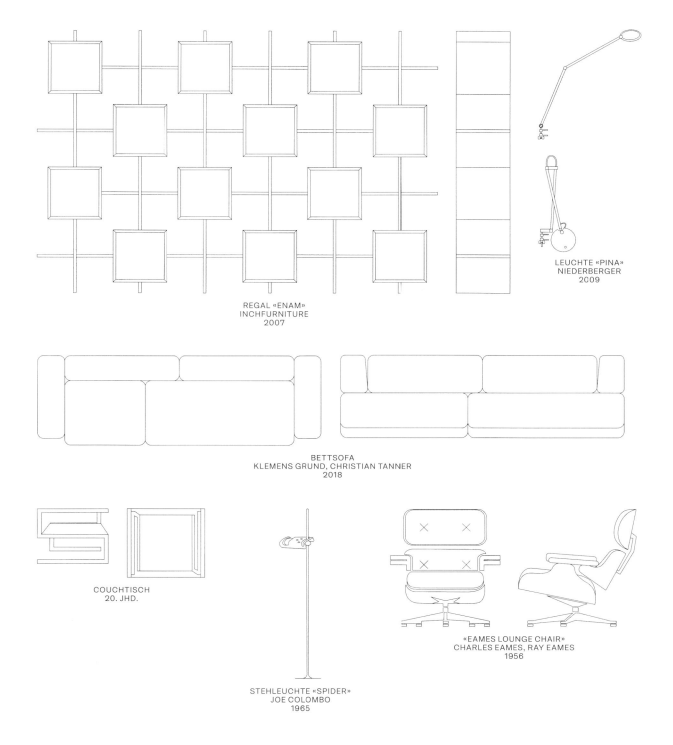

REGAL «ENAM»
INCHFURNITURE
2007

LEUCHTE «PINA»
NIEDERBERGER
2009

BETTSOFA
KLEMENS GRUND, CHRISTIAN TANNER
2018

COUCHTISCH
20. JHD.

STEHLEUCHTE «SPIDER»
JOE COLOMBO
1965

«EAMES LOUNGE CHAIR»
CHARLES EAMES, RAY EAMES
1956

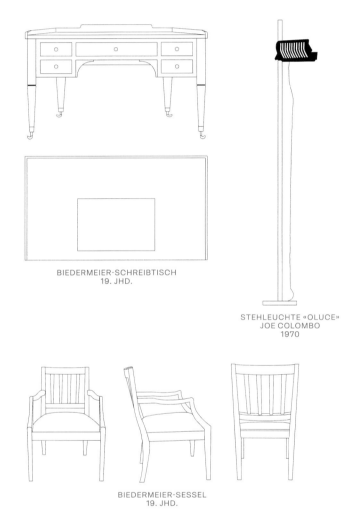

BIEDERMEIER-SCHREIBTISCH
19. JHD.

STEHLEUCHTE «OLUCE»
JOE COLOMBO
1970

BIEDERMEIER-SESSEL
19. JHD.

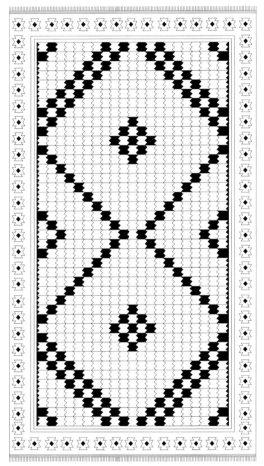

IRANISCHER KELIM

KT 13.083 SCHIEDHALDE FASSADE   328 M²

KT 200.103 ROSSO VENETO PÅLE   139.45 M²

KT 32.000 LICHTWEISS 61.9 M²

KT 08.001 CHAMPAGNERWEISS 46,2 M²

LC 43.2 IVOIRE 20.8 M²

LC 26.013 GRIS PÂLE 272.55 M²

KT 32.014 GRIS NATUR   19.75 M²   KT 213.096 HIMMELGRAU   252.57 M²

MATERIALIEN

EINGEFÄRBTE BETONPLATTEN
VORPLATZ

KLINKERPLATTEN, EINGEFÄRBTE BETONPLATTEN
TREPPE, EINGANG

KLINKERPLATTEN
VORPLATZ/EINGANG

KLINKERPLATTEN, WOLLTEPPICH
HALLE/ESSZIMMER

KLINKERPLATTEN, EICHENPARKETT
HALLE / ESSZIMMER, WOHNZIMMER

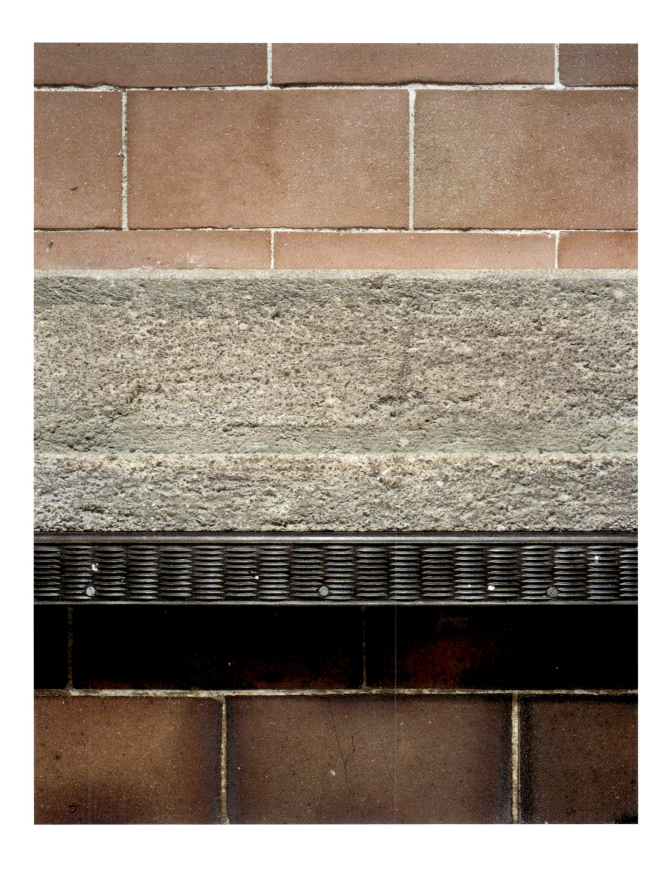

KLINKERPLATTEN
HALLE / ESSZIMMER, GEDECKTE TERRASSE

KLINKERPLATTEN, STEINZEUGFLIESEN
HALLE / ESSZIMMER, GARDEROBE

STEINZEUGFLIESEN, LINOLEUM MIT TEPPICH
OFFICE, VORPLATZ GÄSTEZIMMER

TERRAZZO, EINGEFÄRBTE BETONPLATTEN
GÄSTEBAD, AUSSENPLATZ

KLINKERPLATTEN, BUCHENHOLZ
HALLE / ESSZIMMER, TREPPE INS OBERGESCHOSS

LINOLEUM, GESTRICHENE TANNENRIEMEN
HALLE, TREPPE INS ERDGESCHOSS

LINOLEUM, GESTRICHENE TANNENRIEMEN
HALLE, SCHLAFZIMMER

LINOLEUM, LÄRCHENROST
HALLE, TERRASSE

LINOLEUM, DOUGLASIE-PARKETT
HALLE, STUDIO

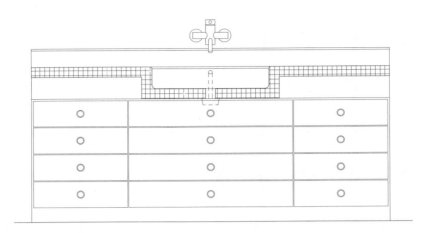

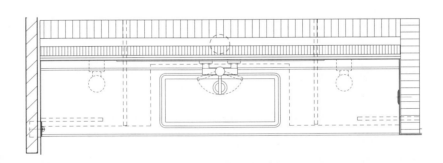

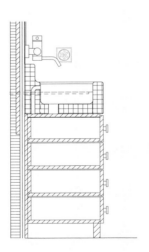

WASCHTISCH UND ARMATUR, GÄSTEBAD
1900 × 418 × 275 MM   ROTER TERRAZZO, MESSING VERCHROMT   NEUBAU
UNTERSCHRANK
MASSIVHOLZ FICHTE MIT ÖLFARBE GESTRICHEN (LC 26.013 GRIS PÂLE)   NEUBAU

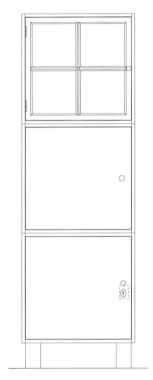

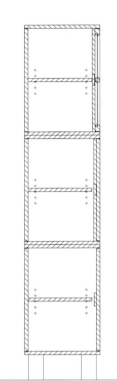

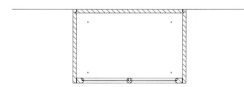

TYPENSCHRANK LUX GUYER, GÄSTEZIMMER
600 × 1940 × 400 MM   MASSIVHOLZ FICHTE MIT ÖLFARBE GESTRICHEN (LC 26.013 GRIS PÂLE)   REKONSTRUKTION

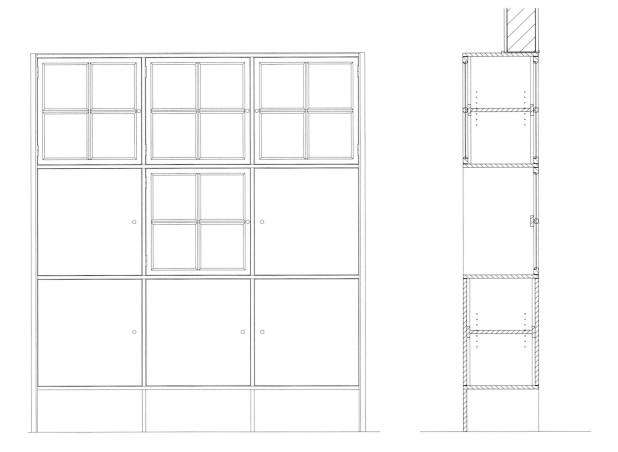

DURCHREICHE, HALLE / ESSZIMMER – OFFICE
1740 × 400 × 2080 MM   MASSIVHOLZ FICHTE MIT ÖLFARBE GESTRICHEN (LC 26.013 GRIS PÂLE), BUCHENHOLZ GEÖLT, ZIEHGLAS   ORIGINAL

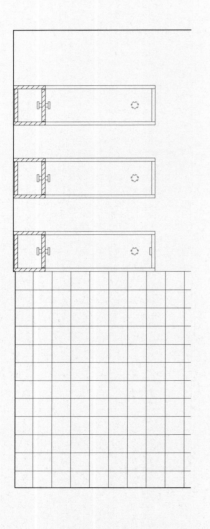

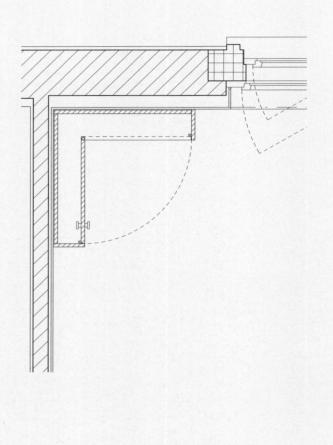

SCHRANK, BADEZIMMER
750 × 750 × 220 MM   MASSIVHOLZ FICHTE MIT ÖLFARBE GESTRICHEN (LC 26.013 GRIS PÅLE)   NEUBAU

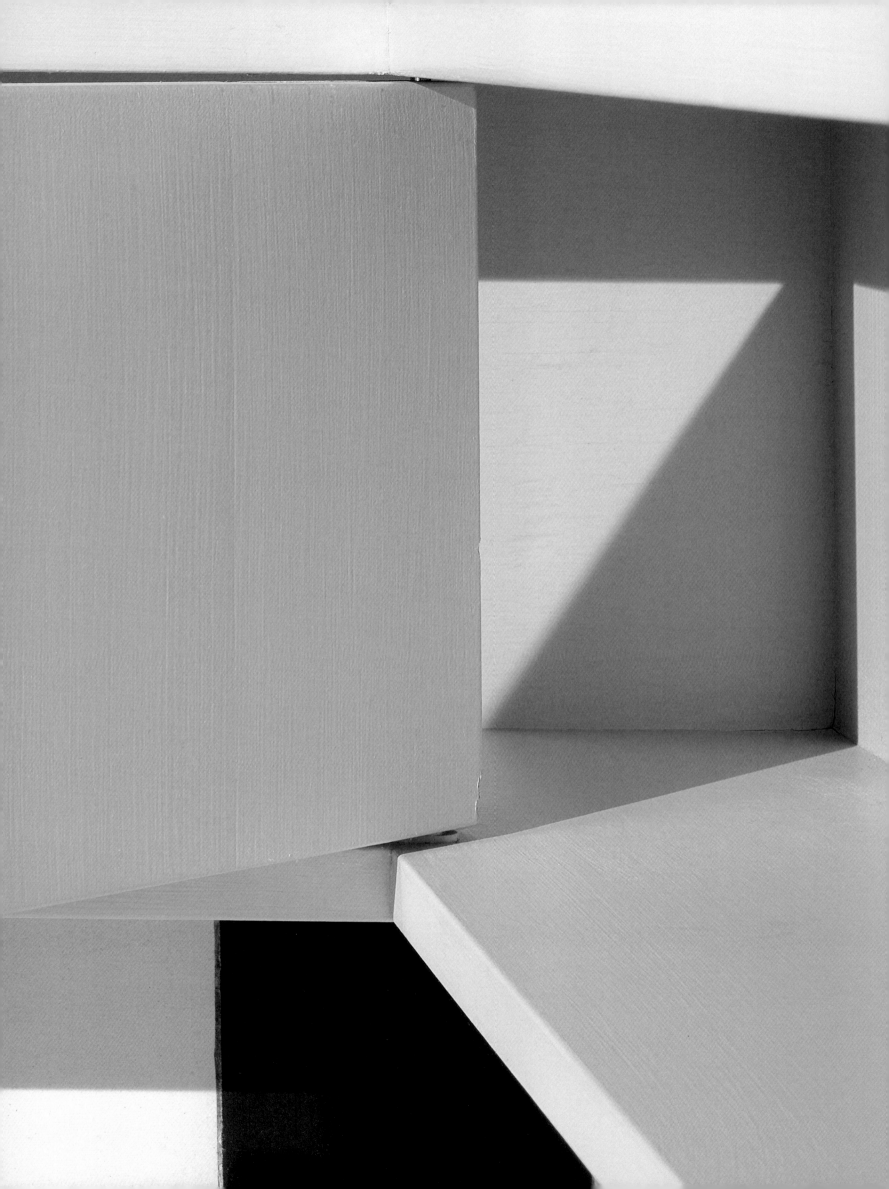

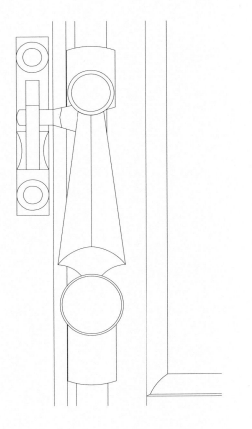

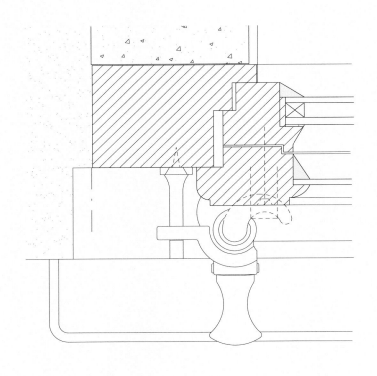

FENSTERGRIFF
MESSING VERNICKELT POLIERT, VERRIEGELUNGSSTANGE MESSING MIT ÖLFARBE GESTRICHEN (KT 32.000 LICHTWEISS)   ORIGINAL

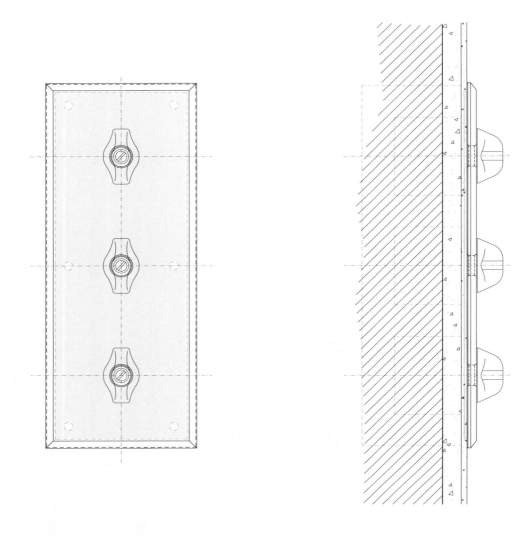

LICHTSCHALTER 3-FACH
80 × 200 × 5 MM   GLAS, BAKELIT SCHWARZ   REKONSTRUKTION

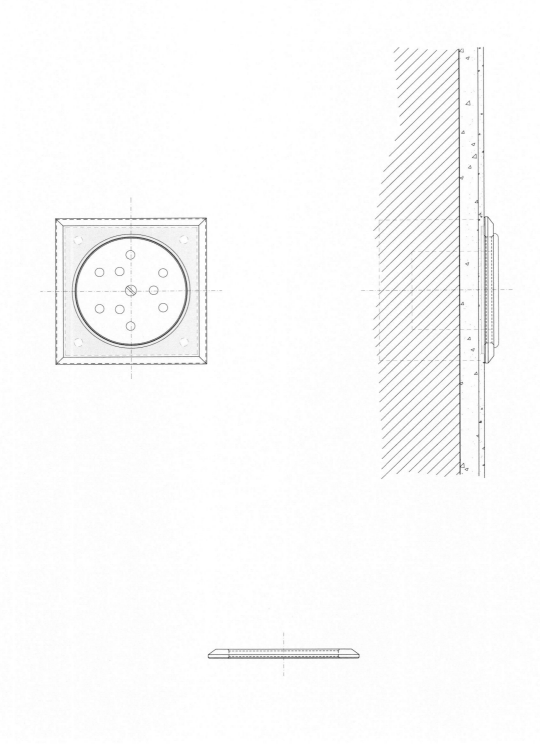

STECKDOSE 1-FACH
80 × 80 × 5 MM   GLAS, BAKELIT SCHWARZ   ORIGINAL

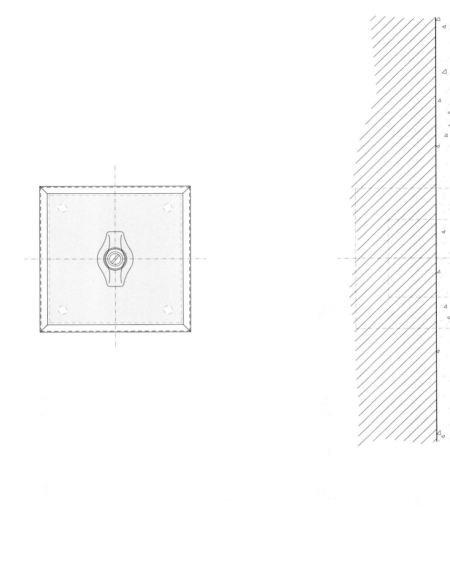

LICHTSCHALTER 1-FACH
80 × 80 × 5 MM   GLAS, BAKELIT SCHWARZ   ORIGINAL

HOLZFENSTER
ORIGINAL

SÄULEN- UND FLACHHEIZKÖRPER MIT RADVENTIL
ORIGINAL

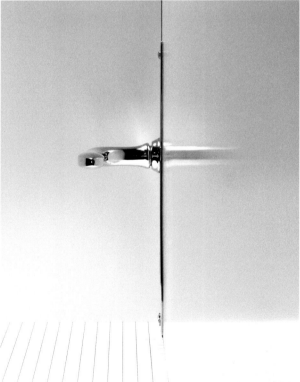

STERNLAMPE SAFFA-HAUS
REKONSTRUKTION

ZIMMERTÜRGRIFF UND SCHILD
ORIGINAL

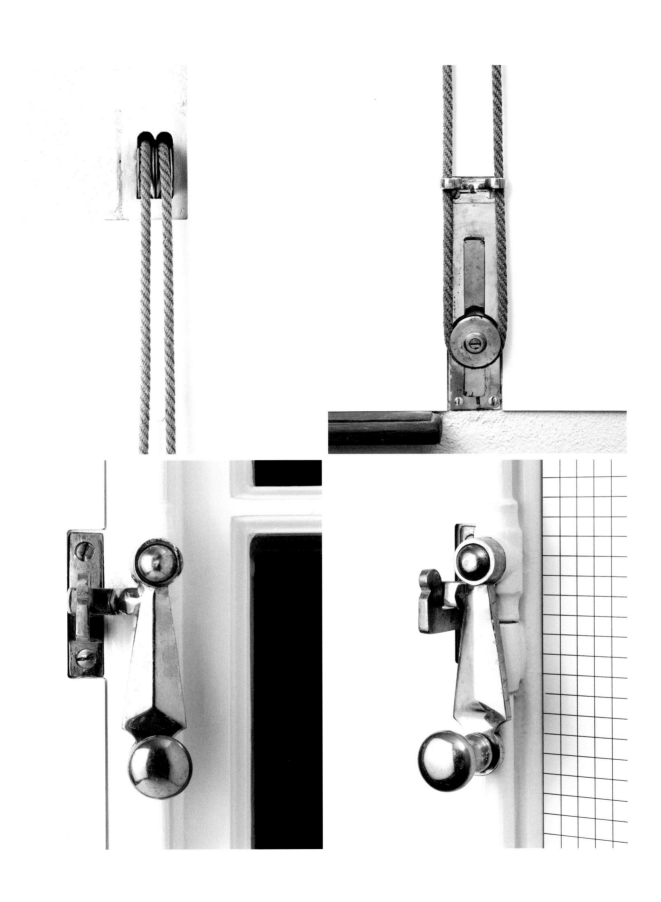

ROLLADENSEIL
ORIGINAL

FENSTERGRIFF
ORIGINAL

STECKDOSE UND LICHTSCHALTER MIT GLASABDECKUNG
REKONSTRUKTION

BADEWANNENARMATUR
ALT AUS BAUTEILARCHIV

TERRAZZO WASCHTISCH
NEUBAU

WASCHBECKEN
ORIGINAL

SCHRANK, BADEZIMMER
NEUBAU

DURCHREICHE
ORIGINAL

TYPENSCHRANK LUX GUYER
REKONSTRUKTION

I.

ZWISCHEN BEWAHREN UND INNOVATION: DIE NEUINTER-PRETATION EINES HAUSES

«Jedes Zeitalter schreibt die Geschichte nach ihren eigenen Bedürfnissen um; die Kunst hat dabei stets etwas zu beanstanden. [...] Keine ‹historische Rekons-truktion› ist jemals originalgetreu; es gibt weder den Wunsch noch den Mut, den Geschmack einer anderen Ära zu übernehmen. Wir behalten, was uns gefällt, und werfen weg, was uns nicht passt.»[1]

Ada Louise Huxtable

EIN UND DREI HÄUSER

Bestandsarchitektur neu zu gestalten ist sowohl eine historische als auch historiografische Aufgabe. Nicht nur weil ein Körper, der einen vergangenen Moment einfängt und widerspiegelt, verändert wird, sondern weil diese Veränderung direkten Einfluss auf künftige Sichtweisen haben wird. Heute sehen wir Lux Guyers «Obere Schiedhalde» durch die Augen seiner neuen Bewohner:innen und mithilfe des Umbaus von Christ & Gantenbein und Sven Richter auf neue Art und Weise. Gleichwohl können wir nicht die Unabhängigkeit der Betrachtenden und den Einfluss der eigenen Vorkenntnisse ausser Acht lassen. So beleuchtet dieser Text die komplexen Beziehungen zwischen den Betrachter:innen, dem Haus und seiner angenommenen Vergangenheit.

Wie der Kunsthistoriker George Kubler in seinem Buch *The Shape of Time* schreibt, bezieht sich die Geschichte immer auf die Idee des Hier und Jetzt, und jedes Zeitalter hat eine spezielle Beziehung zur Architektur der Vergangenheit.[2] Deshalb sind die Erhaltung und Denkmalpflege häufig von der Interessenlage abhängig: Was man bewahrt und was nicht, ist durchaus eine politisch-ideologische Angelegenheit. Solche Zusammenhänge zu erläutern, ist essenziell für unser Verständnis davon, wie Architekturgeschichte geschrieben wurde und wird. Durch den Akt des Bewahrens, um den es hier geht, kann einerseits Geschichtsbildung quasi rückwirkend erfolgen und er ist gleichzeitig ein kritisches Reflektieren über die Grenzen von Authentizität. Dieser Begriff ruft oft Unbehagen hervor und es stellt sich die Frage, ob es so etwas wie Authentizität überhaupt geben kann.

Anders als in den östlichen Kulturen, allen voran die bewunderswerte Art des Bewahrens von religiösen Stätten in Japan, wurde Konservierung in der westlichen Welt traditionell als ein Festhalten am Bestehenden über die Zeit hinweg verstanden. In gewisser Weise spricht dieses Verständnis von Architektur ihr jegliche metaphysische Dimension ab und reduziert sie auf einen rein materiellen Zustand. Architektur lässt sich jedoch nicht so einfach von historischen, kulturellen und sozialen Konstrukten trennen – von dem Leben, das im Inneren stattfindet, von der Art der Nutzung bis hin zur Wahrnehmung von Räumen. Architektur wird immer auch von solchen Faktoren bestimmt, weshalb sich unsere Rezeption im gleichen Masse verändert wie unsere Kultur.

Um den Worten von Kubler zu folgen, können wir, wenn wir die Essenz der Vergangenheit bewahren wollen, ihre Beziehung zur Gegenwart nicht negieren. Wenn wir wie Lux Guyer denken und wie sie entwerfen möchten, wird dies letztlich unmöglich bleiben. Selbst ein vermeintlich respektvoller Mimetismus ist einer unendlichen Anzahl von Interpretationsmöglichkeiten ausgesetzt. Abgesehen davon können wir etwas nicht mehr so sehen, wie es einst gesehen wurde, und auch der kulturelle Kontext in den es eingebettet war, ist nicht mehr vorhanden oder hat sich verändert. Jede Art von Reinszenierung oder Neuinterpretation ist eine Stellungnahme und eine Art Doppelgänger, der auf eine in ihrer Gesamheit unerreichbare Vergangenheit verweist.

Bewahren heisst also, eine aus heutiger Sicht wertvolle frühere Architektur nicht nur zu verstehen und freizulegen, sondern sie auch mit konkreten Strategien und Mitteln zu erneuern. Die Sanierung von 2014 trägt dem Rechnung: Die Entschlossenheit, Lux Guyers Arbeit zu würdigen und in den Mittelpunkt zu stellen, sagt viel über die Werte der Architekten und ihrem Wunsch aus, Architektur durch historische Schichten hindurch zu verstehen und in Typologien zu denken. Es kann schwierig sein, an etwas zu arbeiten das man bewundert. Das äusserst akribische Vorgehen bei diesem Projekt kann für diese Bewunderung als Beleg gedeutet werden.

Architektur mit sozialem Charakter

Heute ist Lux Guyer vor allem für ihre Wohnbauten bekannt, die von radikalem, wenn auch stillem sozialen Charakter waren. Von der Neuerfindung der Hauswirtschaft über die räumliche Organisation bis hin zur Senkung der Wohnkosten durch die Art des Bauens stehen ihre Entwürfe im Dienst des Gemeinwohls. Und doch offenbart sich beim Blick auf ihre Häuser eine gewisse Radikalität als Summe von subtilen Nuancen und einer Flucht aus dem Gewöhnlichen. Viele Zeitungsartikel der damaligen Zeit stellen diesen Aspekt in den Mittelpunkt. Ihre Arbeit wurde als höchst modern empfunden, wobei sie die Plattitüden der Neuen Sachlichkeit stets zu vermeiden wusste.

Es mag sein, dass Lux Guyers Architektur auf den ersten Blick gewöhnlich wirkt, bei näherem Hinsehen zeigt sich jedoch immer etwas, das zu gross oder deplatziert wirkt, etwas Doppeltes oder auch etwas, das sich anders verhält, als wir es erwarten würden. Die Grenzüberschreitungen in ihrer Arbeit sind subtil, aber äusserst bedeutsam. Auch die Grundrisse der «Oberen Schiedhalde» zeugen von dieser Mehrdeutigkeit. Der typisch moderne, fliessende Übergang der Räume wird immer wieder durch Ecken und abgetrennte Areale innerhalb der Räume unterbrochen: Die Essecke, das ursprüngliche «Damenzimmer», das mit der Halle verbunden ist, das T-förmige Studio mit seinen drei *pochés* oder die durch Falttüren trennbare Koje bilden Gegenpole zur fliessenden Raumsequenz, besonders im Erdgeschoss. Einige dieser Ecken und Einschübe werden durch Türen oder verschiebbare Wände definiert, die den Raum je nach Wunsch und Bedarf seiner Bewohner:innen verändern. Das Häusliche wird hier als performativ, als veränderbar verstanden. Zum Beispiel kann der Korridor im Obergeschoss durch das Verschieben einiger leichter Faltwände vorübergehend vergrössert werden. Eine grosse Schiebetür verbindet denselben Korridor mit einem Badezimmer, das Teil des linearen Raumensembles wird, wenn es nicht in Benutzung ist. Dank dieser architektonischen Mittel können private Räume leicht zu Teilen des öffentlichen Bereichs umfunktioniert werden. Plötzlich können Abläufe, die normalerweise im Verborgenen stattfinden, sichtbarer Teil des Alltags werden und Grenzen vorgegebener gesellschaftlicher Normen und häuslicher Tabus überwinden.

Auf ähnliche Weise verändert eine zusätzliche Tür im Schlafzimmer die Art und Weise, wie Körper in einem bestimmten Raum miteinander agieren, und setzt sich so sanft und ungezwungen über hierarchische Verhaltensmuster hinweg. Entlang des bereits erwähnten Korridors liegen zwei Türen, die eben jenen Korridorraum mit dem Schlafzimmer verbinden. Dazwischen befindet sich ein grosses Bett, das seinen Nutzer:innen offenlässt, auf welcher Seite sie den Raum verlassen möchten. Die Türen machen eine Zweiteilung des ungewöhnlichen Raumes möglich, wodurch im gemeinsamen Schlafzimmer Raum für Individualität entsteht. Es ist eine subtile Form der Mehrdeutigkeit, die an Marcel Duchamps berühmte Tür erinnert, die er 1927 in seine Pariser Wohnung an der Rue Larrey 11 einbauen liess. Sie steht sinnbildlich für unser Begreifen von architektonischen Grenzen: Duchamps Tür, die Bad und Schlafzimmer vom Hauptraum abtrennen sollte, wurde mit zwei Rahmen versehen, sodass sie auf paradoxe Weise gleichzeitig offen und geschlossen ist und so die natürliche und implizite Logik von Türen an sich infrage stellt. Ironischerweise betont seine Arbeit, wie es auch bei Guyers Türen der Fall ist, sowohl die Kontinuität als auch die Diskontinuität des Raums. Sie bietet eine Möglichkeit, durch Mehrdeutigkeit gestalterische Konventionen auf den Prüfstand zu stellen. Was innerhalb eines Hauses akzeptabel ist und was nicht, ändert sich im Laufe der Zeit. Die Architektur kann dabei als Vermittlerin kultureller Entwicklungsprozesse dienen. Guyers Haus schärft unser Bewusstsein für die Formbarkeit eines Zuhauses. So sind zwei Türen auf jeder Seite des Bettes oder ein offener Toilettenraum auch heute noch reformistische Ansätze, die unsere Vorurteile aufdecken und dazu einladen, andere Lebensweisen, Kategorien und Erkenntnisse zum Wohnen und zur Raumgestaltung in Betracht zu ziehen.

Gleichwohl ging Lux Guyers Interesse an allem, was mit der Art und Weise, wie wir leben, und dem Alltäglichen zu tun hat, über die Raumgestaltung hinaus. Vielmehr setzte sie sich mit ganzen Konstruktionssystemen und der Effizienz baulicher Massnahmen überhaupt auseinander. Ihr Interesse an der Industrialisierung führte 1928 zu dem berühmten Entwurf eines modularen Holzhauses für die SAFFA. Hierbei handelte es sich um eine Schweizerische Ausstellung über Frauenarbeit, die von feministischen Organisationen ausgerichtet wurde, um die Stellung der werktätigen Frau nach dem Ersten Weltkrieg zu thematisieren. Das SAFFA-Haus entstand als Teil der Ausstellung in einer Atmosphäre, die vom Kampf für Frauenrechte ebenso geprägt war wie von der wirtschaftlichen Not der Nachkriegszeit. Guyer war seit 1927 Chefarchitektin der SAFFA und schuf ein Fertigbausystem, das es ermöglichte, den gesamten Aufbau der Ausstellung mit relativ wenig Ressourcen umzusetzen. In der Folge dieses ersten Entwurfs können Guyers Häuser als kontinuierliche Weiterentwickungen dieses Ursprungshauses verstanden werden, wobei sie schrittweise mit jedem neuen Projekt geringfügige Anpassungen und Verbesserungen vornahm. Die «Obere Schiedhalde» ist Teil ebendieser Entwurfsfamilie und stellt eine Art Standbild innerhalb der kontinuierlichen Evolution eines Typus dar.

Ein Dialog von Aussen- und Innenraum

Aus einer gewissen Perspektive ist es schön zu sehen, mit welch stiller, bewusster, aber nicht übertrieben gestalteter Natürlichkeit sich Lux Guyer des Gartens angenommen hat. Besonders gilt dies im Kontrast zu der künstlichen oder sogar erzwungenen Verwendung von Pflanzen durch einige Vertreter der Neuen Sachlichkeit, deren Anliegen eher die strukturell effiziente und formal einfache Gestaltung war. Laut den Originalaufnahmen der 1920er-Jahre in Schwarz-Weiss gab es hier ursprünglich auch keine Zäune. Und so bildeten der Garten und insbesondere die Bäume eine wichtige Referenz für den Baukörper. In diesem Sinn nimmt die Konzeption des Gartens als architektonisches Mittel auch in der Arbeit von Christ & Gantenbein, Richter und Künzel eine zentrale Rolle ein, bedingt durch die stets heikle Überlegung, wie der Erhaltungsgedanke über die leblose Materie hinaus auch Lebewesen bzw. die Idee der Landschaft an sich miteinschliessen sollte.

Kluge und gezielte Interventionen beinhalten die Beschäftigung mit den Objekten im Aussenraum wie im Inneren. Welche Bedeutung haben diese für die Konzeption und Wahrnehmung von Räumen und die Wohnlichkeit eines Hauses? Es ist ein Aspekt, der von der Architekturgeschichtsschreibung oft übersehen wurde. Besonders im Hinblick auf den Erhalt von Bauwerken wurde den strukturellen, architektonischen Elementen entsprechend einer starren Hierarchie oft der Vorrang vor der Gestaltung des Innenraums, seinen Oberflächen und Objekten gegeben. Abgesehen von jenen historiografischen oder philologischen Rekonstruktionen, die manchmal nicht weit von einer Art Musealisierung entfernt sind, wurden die genannten Elemente aus dem Arbeitsfeld vieler Architekturbüros gänzlich verbannt. Umso wichtiger war bei diesem speziellen Projekt die Einbeziehung von Lux Guyers Verwendung von Stoffen, Farben, Materialität, Texturen, Möbeln und Einrichtungsgegenständen als Teil der Architektur.

Der Erfolg dieser Sanierung resultiert sowohl aus generischen architektonischen Arbeitsprozessen als auch aus dem Bewahren der «Geste». Geste sollte hier im Sinne der Definition des Philosophen Vilém Flusser verstanden werden, als «Ausdrucksweise einer Intention»[3]. Das abstrakte Ornament der Muster, die Millimeterbreite von Farbanstrich und Platten, wechselnde Farbflächen und Musterungen erzeugen eine plastische und rhythmisierte Sequenz. Die Raumfluchten ermöglichen die Rahmung von Bereichen, kontrastiert durch die Verwendungen verschiedener Farben und Texturen. Das Ergebnis ist ein Wechselspiel von Kontinuität (besonders im Fall des indigoblauen Linoleumbodens oder des Schachbrettmusters der Decke) und Unterbrechungen, wann immer Oberflächen eine Ebene im Hintergrund einrahmen.

Man könnte das Haus als eine Reihe von Einblicken und Rahmungen beschreiben. Die Verwendung gemusterter Oberflächen ist sicherlich ein Markenzeichen der Arbeit Guyers. Eine Geste, die je nach Form und Anwendung die Fluidität von Verbindungen betont oder aber die Nach-innen-Gewandtheit eines bestimmten Ambientes noch verstärkt. Es ist faszinierend zu sehen, wie sich diese scheinbar zweitrangigen Motive – eine im Modernismus häufig auftretende, bewusste Form des abstrakten Ornaments – bei Guyer in einem Spiel metareferenzieller Verbindungen wiederfinden: von den holzverkleideten Fassaden der SAFFA-Ausstellung zu dem Dielenboden des Wohnzimmers, von der Schachbrettdecke des Gymnastiksaals im Rudolph-Haus (1931) ebenfalls in Küsnacht, zum Vermeer'schen Küchenboden oder der Korridordecke im zweiten Stock der «Oberen Schiedhalde». In Guyers Arbeit erwecken die Standardisierung von Lösungen und deren durchgängige Anwendung den Eindruck einer fast seriellen zeitgenössischen Gestaltung. Viele ihrer Methoden, wie etwa die Systematisierung und wiederholte Anwendung von Grundrissen mit nur kleinen Variationen (als könnte ein Katalog von Architekturlösungen aus dieser pragmatischen Einstellung resultieren), stellen die wahrscheinlich radikaleren und moderneren Errungenschaften ihres Architekturschaffens dar. Dieses Buch, in dem ebenso die Idee des Seriellen wie eines Katalogs von Objekten und Handlungen im Zentrum stehen, folgt jener dem Schaffen Guyers zugrunde liegenden Logik konsequent.

II.

ARCHITEKTUR PUBLIZIEREN: EINE ANNÄHERUNG

«Der Raum einer Buchseite ist ein eigener Ort.»[4]

Michael Palmer

Joseph Kosuth hat mit seinem Kunstwerk *One and Three Chairs* aus dem Jahr 1965 daran erinnert, dass ein Objekt, seine fotografische Abbildung und seine Beschreibung eine gemeinsame Essenz haben und dennoch drei verschiedene Entitäten sind. Sein Werk besteht aus einem Holzstuhl, dem Bild eines Stuhls sowie einer ausgedruckten Beschreibung desselben. Mit diesem Ensemble stellt der Künstler die Frage, welches der drei Objekte die präziseste Charakterisierung des Konzepts Stuhl ist, und legt nahe, dass alle drei lediglich als alternative Darstellungsformen zu verstehen sind. Ein Stuhl, drei Stühle: Jeder von ihnen hat in seiner eigenen Form eine Daseinsberechtigung. Die Installation verweist auf eine dreifache Annäherung an die Realität und zeigt gleichzeitig die Ambivalenz des Verhältnisses von Original und Repräsentation. Wir werden zum Nachdenken über die Bedeutung des Konzepts von Originalität an sich angeregt. Und wie im Fall von Kosuths Kunstwerk – bestehend aus einer Fotografie, einem Objekt und Wörtern – hat auch die Entität, die aus dem vorliegenden Stapel Papier entstanden ist, einen Anspruch auf Originalität. Das hilft uns dabei, Lux Guyers Haus «Obere Schiedhalde» aus einer neuen Perspektive zu betrachten und zu verstehen: ein Haus, drei Häuser.

Im Umgang mit Lux Guyers Haus «Obere Schiedhalde» und der gestalterischen Arbeit der Architekten Christ & Gantenbein und Sven Richter kann das Bewahren als die Suche nach Spiegelungen und Synchronität verstanden werden. Letztere ist als zeitliches Zusammentreffen oder Gleichzeitigkeit von Ereignissen oder Phänomenen zu verstehen, so wie Gedanken an einem Punkt zusammenlaufen und zu etwas Neuem führen können. Vergleichbares ist auch zwischen dem Haus und diesem Buch entstanden. Die Architekten haben das Gebäude lange genug umgebaut, erfahren und analysiert, um eine geistige Verwandtschaft zu entwickeln: Das Buch ist somit Resultat eines komplexen Prozesses der Annäherung an das Werk Guyers und spiegelt die mögliche Synchronität zwischen Architekt:innen und Gestalter:innen, Bewohnenden sowie dem Haus selbst wider. Insofern kann die Publikation als eigenständiger Teil einer solchen Kontaktaufnahme betrachtet werden.

Architektur zu publizieren, erfordert zunächst eine grundlegende Reflexion über die Beziehung zwischen den realen Umständen und dem, was gezeigt wird – ein Unterfangen, das nicht ohne Widersprüche auskommt. Nicht selten entstehen komplexe Narrative, in denen das Objekt und seine Darstellung ein neues Leben annehmen. Tatsächlich liegt eines der Hindernisse, mit denen Herausgebende bei der Publikation von Architekturbänden oft konfrontiert sind, in der Unmöglichkeit, das Objekt selbst zu veröffentlichen oder in ein anderes Medium zu übertragen.

Angesichts des zweifellos legitimen Anspruchs, Architektur in die Buchform zu übertragen, muss uns bewusst sein, dass selbst bei einer massstabsgetreuen Repräsentation eine Transformation des Gegenstandes vorgenommen wird. Wenn Architektur in einen Stapel Papier verwandelt und veröffentlicht wird, kommt nicht nur die architektonische Essenz abhanden, sondern auch die fragilen Bande zur gestalterischen Realität und Praxis: ihre Utilitas, ihre Funktion und ihr Kontext. Gerade dieser Akt erlaubt es den Betrachtenden auch, sich mit dem Widerspruch auseinanderzusetzen. Was tun angesichts der Unmöglichkeit, das Objekt mit seiner Darstellung zu vereinbaren? Was aus einer solchen Situation entsteht, kann neue Möglichkeiten in sich bergen, als eine Einladung, die Grenzen einer Disziplin – ob Architektur oder bei der Produktion von Büchern – zu erweitern. So erlangt man eine Autonomie, bei der die Verbindung zum Original abgebrochen wird und man die Beziehung von Original und Kopie hinter sich lässt. Eine Art parallele, neue und konsistente Form der existierenden Architektur wird präsentiert: In diesem Moment beginnen das Reale und sein Abbild einen Dialog, als wären es zwei Protagonisten. Das Erdachte und das Reale treffen aufeinander, das Geistige kann den Wert des Materiellen annehmen – und umgekehrt. Architektur wird somit als eine umfassend narrative und kritisch-redaktionelle Produktion verstanden, eine Reflexion über den Menschen, seine Umwelt, die Zukunft, das Vergangene und das, was wir daraus lernen können.

Das vorliegende Buch widmet sich allerdings nicht der historischen Rekonstruktion des Hauses und seiner Sanierung, sondern zeigt eine neue Lesart des Ganzen. Der Inhalt reflektiert und spiegelt die Präzision und das methodische Vorgehen des Umbaus und wird selbst Teil dieses Prozesses. Das Buch erweitert das Renovierungsprojekt der Architekten, indem es das heutige Verständnis des Hauses in eine Momentaufnahme verwandelt, in der ein Stapel Papier zu einem Dokument der lebendigen Evolution eines historischen Gebäudes wird. Sicherlich können Bilder gleichzeitig auf unterschiedliche Weise wirken. Es ist unmöglich, sie auf nur eine Dimension – etwa die dokumentarische, objektive – zu reduzieren. Bilder können auch etwas radikal Entgegengesetztes zeigen. Dieses Buch hat nicht nur eine dokumentarische Absicht, sondern erkennt auch die inhärente Flüchtigkeit und Vielschichtigkeit von Bildern an. Die Fotografien sind zwar wissenschaftlich genau und einer repetitiven Methodik folgend entstanden, dennoch hat jedes einzelne Kapitel einen ganz eigenen Charakter.

Im Kapitel «Innen, Aussen» erinnert eine Bildserie, die in immer gleichem Abstand von der Aussen- und Innenwänden aufgenommen wurde, an einen Katalog von Röntgenaufnahmen aus einem Labor. Zwei gegenüberliegende Räume werden durch eben das Element vereint, das sie normalerweise trennt. Diese Diptychon-Struktur ermöglicht eine janusköpfige, eigentlich unmögliche Perspektive. In der Abfolge des Buches wirken die Wände und ihre Gegenstücke in ihrer Gesamtheit auf neue Art und Weise. Die leichten Variationen, die Positionierung der Fenster, die subtilen Farben, Objekte an der Wand usw. gleichen die Abstraktion ihrer Darstellung aus und erzeugen eine Vielzahl von nuancierten Raumerfahrungen. Es ist ein imaginierter – physisch tatsächlich unmöglicher – Spaziergang durch Wände. Es entsteht eine Vision, bei der die Gleichzeitigkeit zu einem Werkzeug für die Darstellung von Architektur wird, als Ergebnis einer einfachen Anweisung: die gleiche Höhe und der gleiche Abstand von der Linse zu den Wänden. Damit wird es möglich, einen Ort durch die Systematisierung einer Handlung zu beschreiben, durch eine Summe von Fragmenten, die in ihrer Autonomie sehr bildhaft und schön sein können. Oder wie Sol LeWitt es in seinen berühmten Notizen zur Konzeptkunst ausdrückte: «[D]as heisst, dass die gesamte Planung mit allen Entscheidungen im Voraus festgelegt wird und die Ausführung nur eine Formsache ist. Die Idee wird zum Apparat, der die Kunst schafft.»[5] Es ist der Versuch, einen Ort mithilfe einer allumfassenden Logik zu erfassen.

Doch das durch diese Wiederholung erzeugte Bild ist weit davon entfernt, sich mittels eines neutralen Mechanismus bändigen zu lassen, im Gegenteil: Gerade durch dieses iterative Verfahren werden einzelne Details und Nuancen hervorgehoben. Den Körpern im Vordergrund wird eine neue Präsenz verliehen. An der Wand hängende Objekte geben einem Raum atmosphärische Tiefe, die ohne dieses strenge Darstellungssystem unbemerkt geblieben wären. Die Bildausschnitte unterteilen den Raum, ohne dass die Position der Kamera verändert wird. Fragmente von Gegenständen und räumlichen Elementen erscheinen entlang der Bildränder als Teile von Körpern, die nicht vollständig in den Rahmen aufgenommen wurden. Diese Figuren spielen eine doppelte Rolle. Sie sind gleichzeitig Teil der inneren und der äusseren Szenerie. In den Werken des Malers Edgar Degas begegnet uns etwas Ähnliches: Körperteile werden innerhalb der Szene weggelassen, um die Fiktionalität der Bildkonstruktion hervorzuheben. Durch die Betonung des nur imaginierten Charakters sind die Fotografien in der Lage, sowohl die gezeigten wie auch die erfundenen Situationen gleichzeitig abzubilden. In diesem Sinne können die Bilder im Buch als Narrative mit offenem Ausgang verstanden werden. Sie geben nicht vor, einen Raum zu beschreiben, sondern laden zur Spekulation über diesen ein.

Auf ähnliche Weise zeigen die Fotografien im Kapitel «Begegnung im Haus» gleichzeitig zwei Orte in einer Aufnahme, allerdings von einer Wand getrennt. Die Wand ist wie ein Filter zwischen zwei parallel ablaufenden Geschehnissen und setzt sie teils in Beziehung zueinander, teils wird eine Aktivität zugunsten der anderen vernachlässigt. In dieser dualen Form werden die Bewohner:innen in ihren alltäglichen Routinen quasi als Darstellende inszeniert. Ihr Leben erscheint als Abfolge von Handlungen, getrennt durch Filter, die entweder etwas betonen, verbinden oder voneinander trennen. In diesen Bildern wird das Wohnen als etwas Zeitliches dargestellt, bei dem Interaktion, Kausalität und Zufall an einem Punkt zusammenlaufen.

Beim Kapitel zum Garten führt uns die Unmöglichkeit, eine ganze Landschaft mit ihren Lebewesen und wechselnden Schattenverhältnissen in einer Momentaufnahme einzufrieren, zu einem tieferen Verständnis der komplexen Bedingungen des Bewahrens und letztlich auch zu einer Akzeptanz ihres sich stets verändernden Wesens. Dem Garten ein eigenes Kapitel zu widmen, sagt viel über die Bedeutung desselben für das gesamte Projekt aus.

Mit dem Wissen um die konstruktiv-schöpferische Natur von Bildern lohnt es sich nicht nur, die für dieses Buch aufgenommenen Bilder zu analysieren, sondern auch diejenigen, die unter der Aufsicht von Lux Guyer selbst entstanden. Besonders aussagekräftig sind die Aussenaufnahmen, die Linck nach Fertigstellung und Bezug des Hauses machte. Die Ostfassade, wo sich auch der Eingang befindet, wurde während des Winters aufgenommen.

Deren massive Vorderfront scheint dem rauen Wetter, Schnee und eisigen Wind zu trotzen. Ihre äussere Wuchtigkeit wirkt in diesem Zusammenhang fast wie eine Attitüde, ein demonstratives Desinteresse an jeglicher Art von Modernität. Letztere lässt sich nur anhand des abstrakten, fast modellhaften Ausdrucks des gesamten Baukörpers ablesen. Der fast irreale Gesamteindruck wird allein von den Ästen der Bäume, die das Bild einrahmen, aufgehoben – und von der Einfachheit der architektonischen Elemente. Die Fenster scheinen in der Tat ganz normale Fenster zu sein, Türen sind Türen. Das abgeschrägte Dach wird unter der dicken Schneeschicht fast zu einer undefiniert tautologischen Form. Auf den aus dem Garten aufgenommenen Bildern der Südwestfassade hingegen ist der Schnee verschwunden, und trotz der tiefen Mittagsschatten lässt die Vegetation den nahen Frühling erahnen. Auf diesen sonnigen und lebendigen Bildern scheint das Haus radikal verändert: Das Gefühl der Unwirklichkeit und die abstrakte Modellhaftigkeit sind gänzlich verschwunden. Die Fassade wird auch hier an den Bildrändern von zwei Bäumen eingerahmt und scheint jener inneren Logik der miteinander verbundenen Räume zu folgen. In den Schwarz-Weiss-Bildern der Fassade, ohne die Präsenz des sanften Rosa, bilden die weit geöffneten Fensterläden und ihre zarte Modulation ein durchgehendes Band, ein virtuelles *fenêtre en longueur*. Besonders im zweiten Bild, das aus einer grösseren Distanz aufgenommen und leicht perspektivisch verkürzt wurde, verwandelt sich die Sperrigkeit des Volumens fast in eine nichttragende Wand, die sich der Aussenwelt zuwendet – dort, wo die Pflanzenwelt des Gartens auf elegante Weise die Aussenräume des Wohnhauses einrahmt.

Der Katalog als Werkzeug

Es ist spannend, sich mit diesem Katalog auseinander-zusetzen und das Buch im erweiterten Sinne als Werk-zeug zu verstehen, um jene Elemente zu präsentieren, deren Anwendbarkeit sich über das Projekt hinaus erstreckt. Indem es eine bestimmte Anzahl von Elemen-ten in den einzelnen Kapiteln präsentiert, verfolgt das Buch einen analytischen Ansatz, bei dem das Ganze durch die Anzahl seiner Fragmente dargestellt wird. Diese Teile erlangen eine gewisse Autonomie und wer-den von dem spezifischen Kontext des Projektes gelöst; gleichwohl ermöglichen sie uns jedoch ein tiefergehen-des Verständnis seines innersten Wesens. Ein schöner Aspekt der Serienidee in diesem Buch ist, dass die abge-bildeten Objekte dennoch keine abstrakten, isolierten Elemente sind. Sie bleiben Teile eines Ganzen, aus dem sie geschickt extrahiert oder hervorgehoben werden, ohne den Kontext gänzlich zu verlassen oder ihre Rolle im Prozess zu vernachlässigen. Christ & Gantenbein hatten schon immer eine differenzierte Beziehung zu Büchern, Abbildungen sowie zu visuellen Referenzen und haben die Rolle des Bildes im Architekturdiskurs und seine Funktion als Analysewerkzeug reflektiert. Man denke etwa an *Pictures from Italy,* wo Illustrationen nicht nur als Zeugen einer objektiven Realität fungieren, sondern auch die Einzigartigkeit einer bestimmten Per-spektive auf den Punkt zu bringen wissen.

Bei dem vorliegenden Projekt geht der Anspruch, etwas zu bewahren, über die reine Materialität hinaus und setzt sich mit dem Ethos des Ortes selbst so-wie mit seinem Transformationscharakter auseinander. So wird uns bewusst, dass sich die «Obere Schiedhalde» und ihre Architektur immer verändern können. Das Haus und seine Wandelbarkeit zeigen sich in einem vielfälti-gen Geflecht, das sich zu einem Ganzen fügt – wobei sich durch das Ausloten der Grenzen des Möglichen die Realität selbst erweitern lässt. Auf diese Weise werden tiefgehende Reflexionen der Gegenwart, der Vergangen-heit und ihrer jeweils unterschiedlichen Auslegung im Laufe der Zeit spür- und sichtbar: ein Haus, drei Häuser.

1   Übersetzt aus: Ada Louise Huxtable: *On Architecture. Collected Reflections on a Century of Change.* New York: Walker & Company, 2008, S. 1.
2   Übersetzt aus: ebd.
3   Vilém Flusser: *Gesten. Versuch einer Phänomenologie.* Frankfurt a. M.: Fischer Taschenbuch Verlag, 1994, S. 7.
4   Übersetzt aus: Michael Palmer: *Active Boundaries, Selected Essays and Talks.* New York: A New Directions Book, 2008, S. 218.
5   Sol(omon) LeWitt: «Notizen zur Konzeptkunst», zitiert nach: Ders., Walldrawing 1176. *Seven Basic Colors and All Their Combinations in a Square within a Square,* (Ausst. Kat. Josef Albers Museum, Bottrop), Düsseldorf: Richter Verlag, 2006, S. 94.

VERMESSEN, FOTOGRAFIEREN

LUDOVIC
BALLAND

Bücher weisen ein Merkmal auf, an das selten gedacht wird, das mich aber sehr fasziniert. Schlägt man ein Buch auf, sind in der Regel nur zwei Seiten sichtbar. Unabhängig davon, wie viele Seiten das Buch insgesamt umfasst – nur zwei Seiten. Stapelt und bindet man die Einzelseiten, ergeben sie den sogenannten Buchblock. Man bezeichnet das entstandene Volumen als Buchkörper. Steht oder liegt der Buchkörper im Regal, wirkt er wie ein geschlossenes Gefäss. Nimmt man den Buchkörper und zerlegt ihn wiederum in dünne Schnitte – ein Schnitt, eine Seite wiegt im vorliegenden Fall 150 g/m² – ergeben diese Einzelschnitte Fragmente einer ursprünglichen Sequenz. Es sind tomografische Aufnahmen, die die innere räumliche Struktur, die Anatomie des Buchkörpers, sichtbar machen.

Im vorliegenden Buch geht es um ein Haus. Ein Porträt des Hauses «Obere Schiedhalde» der Architektin Lux Guyer. Ein Haus als räumliche Einheit abbilden zu wollen, ist ein Ding der Unmöglichkeit. Die Versuche sind zumeist visuelle Illusionen: Obwohl man bei den Aufnahmen ein Weitwinkelobjektiv bemüht, sodass man möglichst viele Informationen erhält, bleibt das Abbild doch eine Illustration, eine Anekdote. Von dieser Illusion will sich das vorliegende Buch kritisch distanzieren. Ähnlich wie erst das Zerlegen eines Buchkörpers dessen Struktur offenbart, wurde auch das Haus zerlegt, um seine Einzelteile besser wiedergeben und verstehen zu können. Damit das Objekt als Ganzes – hier das Haus – erhalten und funktionstüchtig bleibt, meint Zerlegen in diesem Fall Vermessen, also das Erfassen und Sammeln aller Daten und Parameter. Dieses präzise Verfahren dient dem Erkennen: Die Vermessung als Bild- und Buchkonzept ermöglicht es, die unterschiedlichen Qualitäten des Hauses und seiner Restaurierung sichtbar und zugänglich zu machen. Diese Untergliederung in einzelne Themen unterstützt eine Wahrnehmung von Architektur, die nicht durch Vollständigkeit gerechtfertigt ist. Es ist eine Aufnahme der Gegenwart, die der Zukunft dient, während ihre Bestandteile aus der Vergangenheit kommen. Um dieses Inventar erstellen und seiner Komplexität Rechnung tragen zu können, wurden unterschiedliche, spezifisch themenorientierte Vermessungsmethoden entwickelt. Entstanden ist: die Anatomie eines Wohnhauses, ein Inventar des Hauses «Obere Schiedhalde».

Innen, Aussen

Das Kapitel besteht aus 34 Bildpaaren, die das Innere und Äussere des Hauses gegenüberstellen. Für die Innenaufnahmen wurde die Kamera in der Mitte jedes Raumes auf einer Höhe von 1,50 Meter positioniert, aus dieser Position wurden alle Aussenwände fotografiert. Dann nahm man die jeweiligen Wände aus gleicher Distanz von aussen auf. Mit dieser Vermessungsmethode verliert die Wand ihre Funktion als trennendes Element und wird stattdessen zu einer Membran. Man könnte diese als lichtempfindliche Oberfläche verstehen, die aus gegenüberliegenden Positionen beidseitig belichtet wurde. Dank der gleichbleibenden Höhe der Kamera muten die Bilder wie ein «traveling» durch und um das Haus an. Da die Grösse des Raumes den Bildausschnitt bestimmt – wie viel von ihm zu sehen ist oder eben nicht – wird beim Betrachten der Fotografien ein Gefühl für räumliche Grösse, Enge, Dichte, Aufbau und Sequenz vermittelt, ohne dass die Räume je in ihrer Gesamtheit gezeigt werden.

Der Garten

Das Kapitel umfasst zwei fotografische Serien zum Garten mit unterschiedlichem Fokus. Die eine Serie versteht den Gartenweg als Matrix: Jeder Abschnitt des Weges wurde aus gleicher Höhe aufgenommen. Die Vermessungsmethode verdeutlicht die verschiedenen Wegführungen – jede Abzweigung führt zu klar erkennbaren oder eben impliziten Gartenräumen. Gezeigt wird nicht die Weite des Gartens und fast nie sein Horizont, sondern dessen Architektur. Die andere Serie konzentriert sich auf die Pflanzen, die diesen Weg säumen und formen, indem sie Aussenräume voneinander trennen.

Begegnung im Haus

Der Abschnitt befasst sich mit der Zirkulation im Haus, der Verschachtelung und Verbindung seiner Räume. Es wurden zwei verschiedene fotografische Vermessungen vorgenommen. Die erste Serie fokussiert auf die Bewegungen und Handlungen mehrerer Menschen innerhalb des gleichen Raumes. Die statische Kamera wurde dafür jeweils auf gleicher Höhe positioniert. Diese Momentaufnahmen machen die Koexistenz unterschiedlicher Raumfunktionen sichtbar. Die zweite Serie zeigt die Zusammenhänge paralleler Handlungen und Bewegungen in mehreren Räumen.

Die Wand, die die Räume voneinander trennt, wird zu einer unsichtbaren Membran, ähnlich wie im Kapitel «Innen, Aussen». Sie ist damit kein trennendes Element mehr, sondern spiegelt und verbindet unterschiedliche Aktivitäten im Haus. Durch die Positionierung der Kamera innerhalb des Türrahmens zeigt die Serie genau diesen «Zwischenzustand» zweier Räume.

Möbel und Farbe, Materialien

Der erste Teil des Kapitels stellt ein Inventar technischer Zeichnungen der vermessenen Möbel dar. Die Innenausstattung des Hauses entstammt unterschiedlichsten Ursprüngen und Epochen. Die einheitliche zeichnerische Umsetzung setzt die Möbelstücke in ein Verhältnis und einen Massstab und ermöglicht es, sie miteinander zu vergleichen. Der zweite, fotografische Teil des Kapitels dokumentiert die unterschiedlichen Bodenbeläge und deren Übergänge von Raum zu Raum. Diese Bilder sind aus gleicher Höhe parallel zum Boden aufgenommen und funktionieren wie ein Scan.

(Re)Konstruktionen

Im ersten Teil des Kapitels werden verschiedene Objekte – Fenstergriffe, Waschbecken, Heizkörper und Schränke – im Massstab 1:1 fotografisch abgebildet und wo vorhanden technischen Zeichnungen gegenübergestellt, die Hinweise auf die Funktion des jeweiligen Objektes geben. Der zweite Teil bietet eine fotografische Übersicht dieser und weiterer Details in unterschiedlichen Massstäben. Um den Fokus auf die Objekte – ihre formalen Qualitäten, Farbigkeit, Materialien, Strukturen, Gebrauchsspuren und Oberflächen – legen zu können, sollten sie freigestellt werden. Da dies mit grösstenteils fest verbauten Objekten real unmöglich ist, wurden mobile Fotostudios aus dünnen Metallplatten massangefertigt. Diese mobilen Studios ermöglichten es, die Objekte von ihrer Umgebung im Haus zu trennen.

Das vorliegende Buch schafft mit seiner editorischen Struktur und seinen vielfältigen Vermessungen eine vollkommen neue Erfahrung von Architektur. Es lässt die Leser:innen zu Teilnehmer:innen werden, indem sie Qualitäten und Besonderheiten der «Oberen Schiedhalde» ausschliesslich in Einzelaspekten erfahren und in ihrer Vorstellung zu einem neuen Ganzen zusammenbauen, «zusammenbelichten» können.

HOMMAGE AN
LUX GUYER

EMANUEL CHRIST,
CHRISTOPH GANTENBEIN,
SVEN RICHTER

Das Projekt zur Renovierung und Wiederbelebung des Hauses «Obere Schiedhalde» von Lux Guyer ist in jeder Hinsicht aussergewöhnlich. Am Anfang stand eine glückliche Fügung: Die Bauherr:innen stiessen auf der Suche nach einem geeigneten Heim für ihre junge Familie unverhofft auf das seit Jahren leerstehende Haus oberhalb Küsnachts. Obwohl das etwas vernachlässigte Gebäude auf den ersten Blick nicht besonders einladend wirkte, erkannten sie seine architektonische Qualität sofort. Zwar wussten die interessierten Käufer:innen noch nicht um Lux Guyer und ihrer grossen Bedeutung für die moderne Architektur der Schweiz. Aber ihnen wurde schnell klar, warum das Haus so lange keine Käufer:innen fand: Das kleine Juwel der Schweizer Architekturgeschichte stand unter integralem Denkmalschutz, was diverse Einschränkungen und Auflagen mit sich bringt. Ein ziemlich aussergewöhnliches Einfamilienhaus also. Kann man als junge Familie in einem Denkmal ein zeitgemässes, normales Leben führen? Ist es möglich, das historische Haus behutsam, gleichzeitig aber auch lustvoll und inspiriert in die Gegenwart zu führen? Im Gespräch mit den Architekten kam man zu der Einschätzung, dass es sich lohnen würde, das Abenteuer einer umfassenden Sanierung und Erneuerung des einzigartigen Hauses in Angriff zu nehmen. Angesichts der Herausforderungen technischer, architektonischer und finanzieller Art war dies ein mutiger, geradezu idealistischer Schritt – und aus Architektensicht eine einmalige Chance.

Die Vision war klar: Es sollte ein Projekt werden, das weit über eine reine denkmalpflegerische Renovierung hinausging, ein ambitioniertes, zeitgenössisches Design-Vorhaben, das sowohl im Hinblick auf den Umgang mit dem Denkmal als auch auf die Einrichtung Massstäbe setzen würde. Diesem sehr ehrgeizigen Ziel entsprechend wurde ein massgeschneidertes interdisziplinäres Team für die Bereiche Architektur, Landschaftsarchitektur, Bauforschung, Möbeldesign, Textilgestaltung und Farbexpertise zusammengestellt. Sämtliche Aspekte des Planens, Bauens, Ein-

richtens und nicht zuletzt auch des Wohnens sollten in einem technisch-ästhetischen Gesamtkonzept zusammengefasst werden. Als Bild dafür können wir uns vielleicht einen kunstvollen Teppich aus verschieden gefärbten Fäden vorstellen. Zusammen ergeben die vielen Fäden ein wunderbar dichtes Gewebe mit variierenden Mustern. Oder wir denken an ein altes Wandbild, das im Lauf der Jahrhunderte immer wieder ergänzt, repariert und übermalt wurde. Wenn wir genau hinschauen, entdecken wir unzählige Schichten mit jeweils eigener Handschrift – so wollen wir uns das Projekt und sein Team an der Schiedhalde vorstellen.

Und genauso wie wir ein historisches Wandbild anschauen und seine Schichten analysieren würden, so galt es auch beim denkmalgeschützten Objekt zunächst einmal zu verstehen, um was für ein Haus es sich handelt. Natürlich wussten wir um seine architekturhistorische Bedeutung: Das Haus «Obere Schiedhalde» ist eine in Backstein gebaute Variante des berühmten SAFFA-Hauses, das Lux Guyer 1928 im Rahmen der ersten Schweizerischen Ausstellung für Frauenarbeit (SAFFA) als visionären Prototypen für ein modernes, emanzipiertes und praktisches Wohnen vorgestellt hatte. Das Original war in Holz gebaut, in Küsnacht baute Lux Guyer dauerhafter – als Reaktion auf eine Auflage der Behörden – und auch etwas grosszügiger. Der ursprüngliche SAFFA-Typ wurde um einen Seitenflügel mit Angestelltenzimmer und eine Garage erweitert. So stand am Anfang die akribische Bauforschung: Die Farbschichten auf Fassaden und Innenwänden wurden freigelegt und analysiert. Ein detailliertes Archivstudium half uns zu verstehen, welche der vorgefundenen Einbauten und Details wohl den Originalzustand darstellten und wie das Haus ursprünglich eingerichtet und wohl auch bewohnt wurde. All diese Informationen und Erkenntnisse bildeten die Grundlage für den Entwurf.

Mit dem originalgetreuen Rekonstruieren war es jedoch nicht getan. Das zunächst drängendste Problem war ein anderes: Die Umgebung des Hauses hatte sich seit seiner Errichtung komplett verändert. War der Bauplatz 1929 noch ein fast unberührtes Stück Erde in einer idyllischen Landschaft weit ausserhalb der Stadt gewesen, so ist die Schiedhaldenstrasse in Küsnacht heute eine stark befahrene Verbindungsstrasse mit einer teils sehr dichten und heterogenen Bebauung entlang ihrer Ränder. Das zarte, kleinmassstäbliche Lux-Guyer-Haus wurde von dieser hässlichen und lauten Strasse förmlich erdrückt.

Die Antwort auf diese Situation war eine Mauer: Sie ist so etwas wie die städtebauliche Massnahme (und gleichzeitig der mit Abstand sichtbarste Eingriff in unserem Projekt. Sie schützt das historische Haus und gibt ihm in gewisser Weise seine unmittelbare Umgebung zurück. Die zwei Meter hohe Schutzwand mag zwar auf den ersten Blick etwas brutal und abweisend wirken. Allerdings wird schnell klar, dass erst durch diese radikale Zäsur ein Raum entsteht, in dem das Haus wieder atmen kann. Denn in der Architektur von Lux Guyer gehörten Innen und Aussen zusammen und standen immer in einer sehr präzisen, direkten räumlichen Beziehung zueinander. Man kann überall vom Zimmer in den Garten sehen und umgekehrt, zumindest gedanklich: Das Haus öffnet sich und atmet. Vor Ort wie auch anhand der Grundrisse lässt sich dies ablesen. Alle Zimmer finden in den unterschiedlichen Aussenräumen ihre jeweils spezifische optische und oft auch funktionale Fortsetzung. Das sieht man entsprechend auch von aussen: Auf allen Seiten gibt es Türen, unterschiedlich proportionierte, oft an die Ecken gerückte oder über Eck gesetzte Fenster und eine ganze Reihe von Fenstertüren. Alle haben ihre entsprechenden Aussenräume. Die Architektur des Hauses ist deshalb ohne Vorgarten, Terrasse, Blumenbeete, Rasenflächen oder Obstgarten gar nicht zu denken. Das Innere des Hauses und der Garten darum herum bilden eine räumliche und architektonische Einheit. Dank der Mauer ist diese Einheit wiederhergestellt, wenn auch in einer neuen, etwas anderen Form. Der Raum zwischen Haus und Mauer wird zu einer Art Vorhof. So tritt man heute durch eine Tür in der Mauer zuerst in diesen kleinen Vorhof, der mit Kies, Steinplatten und Obstspalier eine geradezu ländlich idyllische

Atmosphäre hat. Von diesem Hofraum aus, genau genommen ist es eher eine Abfolge von mehreren kleinen Räumen, betritt man dann das Haus. Und so wie nun auf der Strassenseite eine völlig neue Aussenraumsituation als Fortsetzung des Inneren oder als ein Auftakt zum Inneren besteht, so ist auch der Garten als eine Vielzahl von Orten, Plätzen und «Aussenzimmern» konzipiert. Diese vollständige Neugestaltung des Gartens beruht zwar auf der ursprünglichen räumlichen Konzeption von Lux Guyer, ist aber ebenfalls ein komplett neuer Entwurf. Die Auswahl und Anordnung der Pflanzen wurden von August und Margrith Künzel verantwortet. Um den Geist des Hauses und die Schönheit des Ortes zurückzugewinnen, musste also – man ist versucht zu sagen – paradoxerweise die gesamte Parzelle im Aussenraum vollständig umgestaltet werden.

Im Unterschied zu Garten und Aussenraum war das Haus selbst nicht auf eine radikale Neuformulierung angewiesen. Die Bausubstanz war grösstenteils in gutem Zustand, und auch die meisten Details wie Fenstergriffe, Beschläge, Lichtschalter oder Einbaumöbel waren noch vorhanden. Hier wurde schnell klar, dass sich die Anstrengung vor allem auf das Reparieren, Auffrischen und Anpassen alter Bauteile konzentrieren würde. Einzig der Keller stellte ein grösseres bautechnisches Problem dar: Aufgrund grosser Hangfeuchtigkeit musste der durchlässige Kellerboden durch eine dichte und isolierte Betonplatte ersetzt und die Kellerwände von einer zweiten schützenden Betonwand umgeben werden. Auch die Gebäudehülle über der Erde wurde ertüchtigt: Sämtliche Fenster wurden mit neuen Wärme- und Schallschutzgläsern sowie die Decke über dem Obergeschoss mit einer Wärmedämmung versehen. All diese Arbeiten entsprechen grösstenteils einer gängigen Praxis des denkmalpflegerischen Sanierens. Aus architektonischer Sicht besonders interessant und reizvoll waren die Orte im Haus, bei denen eine historische Situation rekonstruiert oder an neue Bedürfnisse angepasst werden musste. Ersteres war im Obergeschoss bei der Koje und im Studio der Fall. Letzteres beim Einbau einer Nasszelle im Erdgeschoss. Hier wurde eine architektonische Sprache eingesetzt, die sowohl als zeitgenössisch als auch zum Stil von Lux Guyer passend verstanden werden kann – detailreich und tektonisch. Wir bemühten uns um konstruktive Klarheit und damit um Sichtbarkeit und Begreifbarkeit des Gebauten. Die Materialien und ihre Fügung sollten inszeniert werden. Man könnte auch sagen: nicht möglichst abstrakt (wie das vielleicht gewisse zeitgenössische Architekten anstreben würden), sondern möglichst dinghaft und konkret. Dies gilt ebenso für den Spritzschutz aus Drahtglas bei den neuen Dusche wie für die beweglichen Wandelemente in der Koje, wie übrigens auch für die Türen und Tore in der neuen Gartenmauer. Das architektonische Projekt fand seine Fortsetzung, Ergänzung und Perfektionierung in der Einrichtung und Möblierung. Annette Douglas entwarf und fertigte sämtliche Vorhänge im Sinne einer zeitgenössischen Interpretation von Lux Guyers wohnlichen Räumen. Tom Wüthrich und Yves Raschle entwickelten zusammen mit Architekten und Bauherr:innen ein Möblierungskonzept, das historische Stücke, zeitgenössisches Möbeldesign und spezifisch für den Ort entworfene Objekte kombiniert. All das zusammen schaffte eine vielschichtige, historische und gleichzeitig zeitgenössische, damit vielleicht sogar zeitlose Wohnwelt.

Wir sehen sie in erster Linie als eine möglichst getreue Rekonstruktion der wunderbaren Architektur von Lux Guyer. Gleichzeitig kann unsere Arbeit vielleicht aber auch als eine eigenständige, respektvolle Hommage an Lux Guyer und ihr Haus verstanden werden. Das vorliegende Buch in seiner poetisch-analytischen Sichtweise versucht, das Haus und das ihm gewidmete Gruppenprojekt mit den Mitteln der bildhaften Zerlegung und Vermessung verständlich zu machen. Damit werden die Fotografien und die Buchgestaltung von Ludovic Balland zu einer Art reziprokem Konstrukt des Entwurfsprozesses: Dieser fügt alles in ein grosses Synthese zusammen, jene breiten die Ingredienzen vor uns aus. Erst so verstehen wir womöglich, wie reich und komplex die scheinbar so überschaubare Welt von Lux Guyers Architektur ist.

FRAGILES GLEICHGEWICHT

GARTEN-GESCHICHTEN

anderen durch einen beidseitig verglasten Geschirrschrank mit Durchreiche ins Office und von dort durch einen weiteren gläsernen Schrank in die Küche. Auch hier baute Lux Guyer eine Symmetrieachse auf, um sie sogleich wieder aufzulösen: Für die Positionierung der Fassadenöffnungen in der Küche waren weder die Achse der Durchreiche noch die Mittelachse des Raums massgebend. Ihre Lage macht erst von aussen betrachtet Sinn, bilden sie doch zusammen mit den Fenstern der Toilette und des Vorplatzes einen symmetrischen Fassadenausschnitt.

Im Obergeschoss befindet sich neben den Schlafzimmern und dem Bad das Studio, eine Art Atelierraum mit T-förmigem Grundriss und einem zeltartigen Dach, der fast in allen Wohnhäusern von Lux Guyer zu finden ist. Jeder Arm des T-Grundrisses hat ein anderes, symmetrisch zum jeweiligen Flügel gesetztes Fenster: Zu der nach Südwesten ausgerichteten Terrasse gibt es eine Fenstertür, in der südöstlichen Nische schaut man über ein liegendes Fenster in den Garten und auf der Nord-Ost-Fassade befinden sich zwei Eckfenster. Guyer schaffte dadurch einerseits drei in sich symmetrische Nischen, durch die Verwendung unterschiedlicher Fenstertypen brach sie andererseits aber die Gesamtsymmetrie der Raumfigur.

Guyer schien situativ zu entscheiden, wie sie ein Fenster oder eine Tür setzte: War in einem Fall die funktional räumliche Logik des Innenraums oder der Blick in den Garten massgebend, so war es im anderen Fall die kompositorische Ordnung der Fassade. Dieses Ringen zwischen der äusseren und der inneren Logik kehrt immer wieder in der «Oberen Schiedhalde» und erzeugt ein fragiles Gleichgewicht. Welche Absicht verfolgte die Architektin damit, symmetrische Raumfiguren mit über Eck gesetzten Fenstern und Enfiladen mit fliessenden Raumübergängen zu verschränken? Wenn man sich durch das Haus bewegt, findet das Auge auf seiner beständigen Suche nach Regelhaftigkeit immer wieder Halt in lokalen Symmetrien – um im nächsten Augenblick durch eine Öffnung oder eine Raumverbindung irritiert zu werden, deren Setzung ganz anderen Ordnungsprinzipien folgt. Fast scheint ein Sog von einem Zimmer zum nächsten zu entstehen, der uns das Haus in seinem ganzen räumlichen Reichtum erfahren lässt. Diese Fülle wird noch zusätzlich verstärkt: erstens dadurch, dass es Räume mit mehreren Zugängen gibt und man sich auf unterschiedlichen Wegen durch das Haus bewegen kann, zum Beispiel das Wohnzimmer im Erdgeschoss oder das Schlafzimmer im Obergeschoss. Zweitens durch Raumsituationen, die über klapp- oder schiebbare Elemente verändert werden können, wie das Bad mit seinen Schiebetüren oder die Koje mit ihren faltbaren Wänden. Diese Zimmer, Orte und Nischen können ganz unterschiedlich bewohnt werden. Der nachfolgende Abschnitt aus einem Text von Lux Guyer über ihr Ferienhaus in der Lenzerheide macht deutlich, dass es der Architektin bewusst um das Erschaffen unterschiedlicher Wohnorte und letztlich um das vielfältige Leben in ihren Häusern ging. «In der arvengetäfelten, heimeligen Bündnerstube [...] fühlt man sich ganz besonders geborgen, wenn draussen der Schneesturm tobt. [...] [Aber] selbst aus der gemütlichen Bündnerstube räkelt man sich am Tage gerne wieder einmal hinaus. Wie bald ist einem da die Decke zu niedrig, alles zu klein und zu eng. Man möchte mit dem Kopf durch die Wand! Solchen Gefühlen ist bei der oberen Wohnhalle Rechnung getragen. Die Balkendecke ist höher, die Dimensionen sind weiter.»[2]

Das Erschaffen vielfältiger Wohnmöglichkeiten durch die Verbindung unterschiedlicher Raumsituationen und die Überlagerung verschiedener Nutzungszustände ist Lux Guyer in der «Oberen Schiedhalde» auf eindrückliche Art und Weise gelungen. Es scheint, dass ihr Verständnis des Wohnens noch immer gültig ist, lässt sich dieses Haus doch auch heute ganz selbstverständlich bewohnen.

JULIA TOBLER

Beim Betrachten der Fotografien im Kapitel «Innen, Aussen» fällt die fehlende perspektivische Verkürzung zugunsten sich überlagernder Schichten auf. Die Bilder scheinen abstrakten Kompositionen zu gleichen, bestehend aus Wänden, die den Raum begrenzen, und aus Fenstern und Türen, die uns durch sie hindurchblicken lassen. Sie erinnern daran, wie sich die Restauratorin während der Sanierung des Hauses durch diese Wände hindurchgearbeitet hat, sie Schicht für Schicht abgeschabt und freigelegt hat auf der Suche nach der ursprünglichen Oberfläche und Farbigkeit und wie diese repariert und wiederhergestellt wurden. In Gaston Bachelards Text «Das Haus vom Keller zum Dachboden» heisst es: «In seinen tausend Honigwaben speichert der Raum verdichtete Zeit. Dazu ist der Raum da.»[1] Wenn man durch die Räume in der «Oberen Schiedhalde» geht, wird klar, dass durch den Erhalt der historischen Bausubstanz und die Wiederherstellung der originalen Raumsituationen auch die Vorstellung von Lux Guyer, wie man in diesen Räumen wohnt, in die heutige Zeit gerettet wurde. Und vielleicht erzählt das Haus auch Stück von der bewegten Geschichte der ersten selbstständigen Architektin der Schweiz, die viele ihrer Häuser zunächst selbst bewohnte, bevor sie sie weiterverkaufen konnte.

Wenn man durch das Tor in der Gartenmauer auf den Eingang zugeht und über den Vorplatz in die Halle tritt, schaut man durch ein Sprossenfenster am anderen Ende des Raumes in den Garten. Der Blick durchmisst die gesamte Tiefe des Grundrisses und man ist erstaunt darüber, dass dieses Haus, das gross und reich an unterschiedlichen Räumen erscheint, nur ungefähr sieben Meter tief ist. Auf der Fotografie der Halle im Erdgeschoss, deren Fenster in den Garten symmetrisch auf den Eingang ausgerichtet ist, schiebt sich von der Seite ein langer Tisch ins Bild. Es wird klar, dass die Symmetrie nur eine lokale ist und sich der Raum nach rechts ausweitet, wo er über eine hohe, rahmenlose Öffnung mit dem Essbereich verbunden ist. Von hier aus schaut man auf der einen Seite durch eine Glastür auf die gedeckte Terrasse und in den Garten, auf der

1   Gaston Bachelard: «Das Haus vom Keller zum Dachboden», in: Ders.: *Poetik des Raumes*. Berlin: Ullstein, 1975, S. 41.
2   Lux Studer-Guyer: «Ferienhaus E. Sch. auf der Lenzerheide», in: *Schweizerische Bauzeitung*, Vol. 64, H. 9, 1946, S. 109.

MARGRITH KÜNZEL

Der Garten ist eine vom Menschen geordnete Welt. Mit seiner kultivierten Ordnung setzt sich der Garten vom Umland ab und bietet einen Ort der Ruhe, der Konzentration. Dem Beginn der Gartenkultur ging die Entdeckung voraus, dass sich Pflanzen kultivieren lassen. Daraus entsprang der Ackerbau, der im Zusammenspiel mit der Tierhaltung dem Menschen die sesshafte Lebensweise ermöglichte. Die Einfriedung spielt seit Beginn der Gartengeschichte eine wesentliche Rolle, schützt sie doch Pflanzen und Tiere vor Eindringlingen. Daher erstaunt es nicht, dass der Begriff Garten etymologisch von *Gerte* (indogermanisch *gher*, später *ghortos*, lateinisch *hortus*), abgeleitet ist. Gemeint sind Weiden-, Haselnussruten oder andere Gerten, die in den Boden gesteckt, teilweise ineinander verflochten den Garten umfriedeten. Über die Einfriedung und die Pflanzen hinaus sind die Wege und Wasserversorgung, der pflanzenpflegende Mensch und die bestäubenden Insekten die prägenden Elemente eines Gartens.

Über Jahrhunderte hinweg entwickelte sich eine regelrechte Gartenkultur mit einer Fülle an Facetten und Ausdrucksformen. Die Auswahl der Pflanzen folgte bald nicht mehr allein dem Zweck der Selbstversorgung, andere Aspekte gewannen an Einfluss. Das Sammeln, Kultivieren, Züchten und die Standortthematik sind wesentliche Faktoren, die dem Garten zu seiner äusserst reichhaltigen Formensprache verhalfen. Das Spektrum an Gärten mit ihren individuellen Ausformungen ist überaus breit, die Anzahl an Gartentypen scheint endlos. Es gibt den Paradiesgarten, den Nutzgarten, den Ziergarten, den Sammlergarten, den Wohngarten, den Architekturgarten, den Botanischen Garten, den Traumgarten, den Japanischen Garten und viele weitere. Allen Gärten ist eines gemein: Sie spiegeln ein gesellschaftliches und persönliches Umfeld wider und erzählen Geschichten.

Das Wohnhaus «Obere Schiedhalde» wurde 1929 im ehemaligen Rebberg erbaut, als eines der ersten oberhalb vom ursprünglichen Dorfkern. Haus und Garten wurden dezidiert als Einheit geplant – Innen und Aussen erzeugten von Anfang einen Zweiklang. Die sorgfältig konzipierte Einheit ist im überlieferten Situationsplan unverkennbar. Die kleinteilige, reichhaltige

Raumabfolge ist gleichermassen Merkmal des Hauses wie auch des Gartens. Dabei fällt die präzise Platzierung der Gehölze und Beete auf, womit der Blick durch die Innenräume eine Fortsetzung im Aussenraum erfährt. Unterstützend wirken dabei die raumhohen Öffnungen, wodurch der Blick in den Garten freigegeben wird und umgekehrt die Stimmung des Gartens in das Hausinnere hineinwirkt. Mit der orthogonalen Grundstruktur nahm Guyer die formale Sprache des «Architekturgartens» auf, der zu Beginn des 20. Jahrhunderts als Reaktion auf den späten «Landschaftlichen Garten» entstanden war. Elemente wie die in Trittsteine aufgelösten Wege, die frei wachsenden Gehölze und vor allem die breiten Blumenbeete weisen jedoch bereits auf eine Lockerung des strengen Konzepts hin, in Richtung «Wohngarten». Diese Gestaltungsrichtung setzte sich in der Schweiz zu Beginn der 1930er-Jahre durch. Tendenziell erhielt der Garten eine vom Gebäude unabhängigere Gestalt, in der reizvoll arrangierte Pflanzen den Schwerpunkt bildeten. Haus und Garten an der «Oberen Schiedhalde» bezeugen Guyers zwischen Tradition und Moderne oszillierende Haltung.

Als wir mit der Instandsetzung des Gartens betraut wurden, begann eine gartendenkmalpflegerische Entdeckungsreise. Unser Ziel war es, die ursprüngliche räumliche Konzeption des Gartens aufleben zu lassen und behutsam an die neue Situation anzupassen. Denn die grösste Veränderung in den rund 80 Jahren erfolgte in der unmittelbaren Umgebung: Im Zuge der intensiven Besiedelung des ehemaligen Rebberges wurde die Schiedhaldenstrasse nach und nach zu einer stark befahrenen kantonalen Strasse ausgebaut. Die Herausforderung lag für uns nicht mehr darin, den Garten vor Eindringlingen zu schützen, sondern vor dem Strassenlärm. Die Situation konnte mit dem Ersatz des einfachen Holzzaunes durch eine Einfriedungsmauer merklich verbessert werden. Allerdings durfte die zwei Meter hohe Mauer nicht zu einer Lärmschutzmauer verkommen, sondern hatte als Teil des Gartens zu überzeugen. Die Mauer wurde aus Beton gefertigt, die Oberfläche aufgeraut und die Innenseite – in Anlehnung an die bestehenden Spaliere an der Ostfassade – mit einem Holzlattengerüst und einer Auswahl von Spalierobstbäumen und Schlingern bepflanzt. Unter Berücksichtigung des ursprünglichen Erscheinungsbildes erfolgte einerseits eine schonende Transformation der strassenseitigen Einfriedung, andererseits eine stärkere Betonung des Vorgartens, obgleich dieser verkleinert wurde. Die anderen Gartenseiten sind von dem wiederhergestellten Hainbuchen-Lebhag umgeben.

Die den Raum definierenden «Zeitzeugen» sind die grosse Linde im Süden, die allseitige Einfriedung und die Senke im Westen des Gartens. Die ursprünglichen Beete und Wege hatte man verändert oder waren ganz verschwunden, jedoch war die klare räumliche Grundstruktur des Gartens gut dokumentiert und liess sich fast originalgetreu rekonstruieren. Der Garten wurde mit Heckenbändern sowie Beeten zur Bepflanzung mit Schmuckstauden gegliedert und Trittsteinwege verbinden nun wieder die einzelnen Gartenräume. Hingegen wurde die Bepflanzung des Gartens aufgrund mangelnder Hinweise neu interpretiert, z. B. die beiden grosszügigen, ursprünglichen Staudenbeete: Eines befindet sich vor dem Wohnzimmer, das andere mittig im Westgarten – und nimmt gekonnt den Niveausprung zum Senkgarten auf. Eine Mischung aus Sommerblumen, Stauden und niederen Gehölzen schmücken diese Beete.

Das Augenmerk bei der Zusammenstellung lag einerseits auf traditionellen Gartenpflanzen wie der Hortensie, ein Zierstrauch mit dekorativen Blütendolden. Andererseits sind in den Staudenbeeten Pflanzen mit besonderen Blüten oder mit abwechslungsreichen Blättern vertreten, wie die blaublütige Dreimastblume, die Spinnenblume mit ihren langen abstehenden Staubfäden oder der Himmelsbambus. Letzterer ist ein immergrüner Zierstrauch mit Laubblättern, die im Austrieb rot sind. Später verfärben sie sich oberseits frischgrün, unterseits hellgrün, weisen eine intensive Herbstfärbung von gelb über orange zu purpurfarben auf und werden, ohne abzufallen, im Frühjahr wieder grün.

Ein neues Beet, bestehend aus Katzenminze, Lavendel, Schwertlilie, Zistrose und weiteren trockenheitsverträglichen Blütenstauden, umgibt das Haus und bildet einen sanften Übergang von Gebautem zu Gewachsenem. Zusätzlich werden der Vorgarten und der Sitzplatz mit neu gepflanzten Bäumen akzentuiert. Wie die bestehende Linde stehen zwei Zierkirschen, die dem Sitzplatz Schatten spenden und das Gelbholz, das den Vorgarten prägt, als Solitäre im jeweiligen Gartenraum. Die Pflanzenwahl und Zusammenstellung drückt die Freude an der Vielfalt der Pflanzenwelt aus.

Der Garten an der «Oberen Schiedhalde» ist heute wie damals eine vom Menschen geordnete Welt. Ausgehend von der durch Guyer angelegten Grundstruktur, wurde dem Garten mit jeder Veränderung eine Schicht hinzugefügt. Mit der Instandsetzung wurde das Geflecht an Bedeutungsebenen wieder lesbar. Gleichwohl wurde die Geschichte des Gartens fortgeschrieben und erneut belebt.

EIN HAUS NICHT NUR FÜR ARCHITEK- TINNEN

DELIA CHRIST, SAMUEL CHRIST

Man muss nicht Architektur studiert haben, um sich in der «Oberen Schiedhalde» wohl zufühlen. Als wir 2011 auf einem Immobilienportal herumstöberten, fielen uns die Bilder des Hauses sofort auf. Zu diesem Zeitpunkt war Lux Guyer für uns noch kein Begriff, wir hatten uns auch noch nicht näher mit ihrem bemerkenswerten Werk und ihrer beeindruckenden Pionierleistung als der ersten selbstständigen Architektin der Schweiz auseinandergesetzt. Wir entschieden uns, das Haus zu besichtigen. Vor Ort spürten wir sofort eine Verbindung, und dies obwohl das Haus damals einen verwahrlosten Eindruck hinterliess. Innen roch es nach den Haustieren der Vorbesitzerin, aussen wirkte es durch seine Lage an der Kantonsstrasse etwas exponiert. Doch eine gewisse Ausstrahlung des Hauses war ungebrochen: der ungewöhnliche Grundriss, die mehrseitige Belichtung der Räume, die schönen Blickachsen, die Ecken und Nischen, das «Zebraparkett». Im Gespräch mit dem Makler wurde schnell klar, dass wir die einzigen Interessent:innen waren und bereits andere erfolglos versucht hatten, die Liegenschaft zu verkaufen. Viele sahen in der Unterschutzstellung der Liegenschaft offensichtlich eher eine Hypothek als die Bestätigung, dass es sich hier um ein architektonisches Juwel handelte. Nachdem uns von verschiedener Seite von einem Kauf abgeraten wurde, fanden wir mit Christ & Gantenbein sowie Sven Richter diejenigen, die unsere Begeisterung für das Haus teilten. Wir entschlossen uns, die Liegenschaft zu übernehmen.

Die Architekt:innen waren bereit, die Herausforderung der Renovierung und Erneuerung des Hauses mit viel Sachverstand, kreativer Akribie und grossem Engagement anzunehmen. Zum Team stiessen weitere Kreative und Expert:innen mit immensem handwerklichen Können hinzu, die jeweils wichtige Beiträge zum Projekt leisteten. Von unschätzbarem Wert war auch die Mitarbeit des Denkmalpflegers Roger Strub. Dies galt auch für die Unterstützung von Beate Schnitter, die uns als Nichte von Lux Guyer – und selbst renommierte Architektin – während der gesamten Projektzeit immer wieder mit wertvollen Einblicken und Hinweisen zur Seite stand. Die «Obere Schiedhalde» ist das Werk einer jungen Frau voller Energie und Lebenslust, die Leichtigkeit und Verspieltheit lassen sich heute noch gut erkennen. Das Haus war damals aber auch Ausdruck einer unabhängigen Architektin, die losgelöst von traditionellen Vorgaben – und frei von den Dogmen der sich abzeichnenden Moderne – selbstbewusst etwas Neues und Eigenständiges schuf. Neben der Sanierung des Hauses ging es aufgrund der Bedeutung des Baudenkmals vor allem darum, die Qualitäten von Guyers Architektur wieder sicht- und erlebbar zu machen. Mit kollektiver Hingabe, Pflege und Aufmerksamkeit bis ins kleinste Detail gelang der Kraftakt. Nach zwei Jahren Planung und Bauzeit erreichten wir die Integration des Hauses und seines Gartens in eine veränderte Umgebung und Zeit – und durften uns über die berührende Wiederbelebung einer einzigartigen Architektur freuen.

Es fühlt sich an, als hätte Lux Guyer schon 1929 genau gewusst, auf was es uns knapp ein Jahrhundert später ankommen würde. Die «Obere Schiedhalde» trifft nicht nur unseren Geschmack, sie passt auch perfekt zu unseren Bedürfnissen. Aus heutiger Sicht mag der etwas eigenwillige Grundriss vielleicht kleinteilig erscheinen, aber als Bewohnende fühlen wir uns keineswegs beengt, im Gegenteil: Wir geniessen in diesen Räumen viele Freiheiten. Dieser «Freiraum» wurde durch das behutsame Vorgehen bei den Sanierungsarbeiten zusätzlich betont. Im Haus gibt es grosse offene Orte mit vielen Fenstern, Türen und Doppelerschliessungen – wie die Halle, das Wohnzimmer oder das Studio –, die sich jeweils sehr gut eignen, um zusammenzukommen und gemeinsam Zeit zu verbringen. In einem angenehmen Spannungsverhältnis dazu gibt es kleinere Rückzugsorte. Zu Letzteren zählen die abgetrennte Koje im Studio, die Kinderzimmer oder das Gästezimmer im Erdgeschoss. Das Raumlayout des Hauses hat sich bislang in den unterschiedlichsten Lebenssituationen bewährt, zugute kommt uns dabei die von Lux Guyer bereits angedachte Nutzungsvielfalt.

Den Erwerb der «Oberen Schiedhalde» haben wir keinen einzigen Augenblick lang bereut. In den acht Jahren, in denen wir dieses Haus bewohnen dürfen, ist es zum Mittelpunkt des Familienlebens geworden mit einer stets offenen Tür für Verwandte und Freund:innen. Wir empfinden es als Privileg, in einem Haus von Lux Guyer leben zu dürfen. Und es freut uns, dass das Haus mit dieser Publikation nun eine weitere Entdeckung erfahren kann.

YVES RASCHLE,
THOMAS WÜTHRICH

Oft kamen wir mit Kartonplatten, Dachlatten und Materialmustern an die «Obere Schiedhalde», um im Massstab 1:1 Modelle der Möbel im Haus aufzubauen. Diese Vorgehensweise half uns, die Nutzung, die wechselseitige Wirkung von Raum und Objekt sowie die Logik der Raumabfolgen in Lux Guyers Architektur zu verstehen. Mit Aufnahme unserer Tätigkeit im bereits bewohnten Haus lernten wir aber auch dessen Bewohner:innen, eine fünfköpfige Familie, kennen. Deren Bedürfnisse und Gewohnheiten bildeten – neben der Architektur und Geschichte dieses aussergewöhnlichen Hauses – die Grundlage für die Möbel- und Objektauswahl. Diese «Bewohnerschaft» gab es in der «Oberen Schiedhalde»

EMPIRISCHES MÖBLIEREN

im doppelten Sinne: Guyer war hier in 1920er-Jahren gleichermassen Bauherrin, Architektin und Bewohnerin in einer Person gewesen. Knapp hundert Jahre später fanden wir somit zwei Wohnkulturen vor, eine historische, geprägt durch sie, sowie eine zeitgenössische, geprägt durch die Familie. Damit eröffnete sich ein interessantes Spannungsfeld.

Anhand historischer Fotografien konnten wir rekonstruieren und verstehen, wie Lux Guyer ihre Räume möblierte: verspielt und undogmatisch, jedoch mit charaktervoller, eigenständiger Ausstrahlung. Diese Offenheit wollten wir in unsere Entwürfe aufnehmen. Guyer nutze selten grosse und geschlossene Körper, sondern kleinformatige und offene Regale oder Schränke, worauf sie dann z. B. eine Keramiksammlung präsentierte. Unsere Versuche mit den schematischen Modellen im Raum bestätigten, dass auch unsere Möbel kleinteilig, offen und dispers sein sollten. Schnell wurde klar, dass es nicht ein einheitliches stilistisches Prinzip geben konnte, und auch kein vorab festgelegtes Gesamtkonzept. Vielmehr entstanden die Möbelstücke in organischer Abfolge, eins nach dem anderen, in enger Zusammenarbeit mit den Bauherr:innen. Die in diesem Prozess am häufigsten gestellte Frage drehte sich um das Verhältnis der architektonisch historischen Bezüge zum zeitgenössischen Design der Einrichtung – Harmonie oder Gegensätzlichkeit? Lux Guyer hatte uns vorgemacht, dass Materialkontraste, mehrdeutige Raumkonfigurationen sowie der kategorische Verzicht auf ein einheitliches Gestaltungsprinzip eine ausgewogene Raumatmosphäre erzeugten.

Für das Wohnzimmer im Erdgeschoss entwarfen wir z. B. ein Sofa, welches je nach Platzierung der Kissen auch Daybed sein kann und in dessen offener Rückwand sich Platz für Bücher und Objekte findet. Das Stoffdessin, gestaltet von Paul Smith für Maharam, flirrt im Raum. Weitere Sitzmöglichkeiten bietet das Sesselpaar, welches ein formal verwandtes Ensemble zum Sofa ist und gleichzeitig als eigenständiges Objekt erkennbar bleibt. Den Abschluss des dicht möblierten Raumes bildeten ein Sideboard mit Ablageflächen aus blauem Quarzit und zwei Beistelltische in wolkenartiger, freier Form mit gebrochenen Kanten aus demselben Quarzit. Eine kuratierte Auswahl an Leuchten, in Zusammenarbeit mit Patrick Zulauf, sorgte zusätzlich für Wohnlichkeit: Die poetische Vintage-Messingleuchte von Tommaso Barbi passt dabei ebenso in den Raum wie die zeitgenössische, technisch anmutende Stehleuchte «U-Turn» von Michel Charlot.

Im engen Austausch mit den Bauherr:innen wurden diese sowie auch weitere besondere Objekte für das Haus entwickelt. In dem gleichen schrittweisen Vorgehen möblierte die Familie den Rest des Hauses. Dabei verwendeten sie Stücke aus unseren INCH-Kollektionen, bezogen Objekte von ausgewählten Produzent:innen, recherchierten Raritäten und antiquarisches Mobiliar. So geben sich heute Bescheidenheit und Grandezza in den Innenräumen der «Oberen Schiedhalde» die Hand.

189

RAUMVERTIEFENDE FARBEN

MEISTERIN DER COLLAGE

eine andere Lichtstimmung. Die sorgfältig gestalteten Übergänge von einer Stimmung zur nächsten führen durch das Ensemble, sie wirken zauberhaft schön. Eine Besonderheit, die mit Weisstönen wie RAL 9010, RAL 9016 oder NCS 0500-N nicht zu erreichen ist.

Die Pigmentteilchen der Farbproben hatten zudem eine auffallend grobe Körnung: Diese ist typisch für Proben der 1920er-Jahre und führt zu Farben mit stark reflektierenden Eigenschaften. Nicht nur bei Lux Guyer, sondern auch bei Eileen Gray, Le Corbusier, Walter Gropius und Luis Barragán haben wir diese mikroskopischen Spiegelflächen in allen untersuchten Farben gefunden. Damals wählten die Architekt:innen ihre Pigmentkörnung allerdings nicht so bewusst: Die entsprechenden Hersteller lieferten diese Farben, und erst ab 1950 wurden durch Rationalisierungsvorgänge in der industriellen Produktion natürliche, grobteilige Pigmente durch mikronisierte Pigmente[1] und Abtönpasten ersetzt. Zeitgleich wurden Farbsysteme und die ihnen zugrunde liegenden Theorien von der Form gelöst, die Farbe «entmaterialisierte» sich gewissermassen und die Untersuchung von Farbwirkungen wurde der Psychologie überlassen. Heute wissen wir, dass diese Rechnung nicht aufging. Es ist wissenschaftlich nicht haltbar, Farbe und Form zu trennen oder die Farben eines bestimmten Materials von jenen, die in Eimern geliefert werden. Wir nehmen Objekte im Sehfeld über ihre Farben wahr und die spontane Empfindung, die wir bei deren Anblick haben, prägt unser Wohlbefinden im Raum. Am Beispiel der «Oberen Schiedhalde» sehen wir, dass es eben doch möglich ist, Farbe, Licht und Raum in Einklang zu bringen.

Die das Licht spiegelnden Pigmente an den äusseren Wandflächen des Hauses nehmen die rhythmischen Spektralverschiebungen des Tageslichts auf und werfen sie ins Innere. Die Farben gewinnen dadurch jene aufhellende Wirkung, die Lux Guyers Architektur so faszinierend macht. Gleichermassen stellen die reflektierenden Farben eine Beziehung zwischen dem Inneren und dem Äusseren her, die sich im Tagesverlauf beständig verändert. Die inneren Wandflächen reflektieren das lebendige Licht- und Schattenspiel der Natur und vertiefen die Beziehung von Mensch und Raum.

KATRIN TRAUTWEIN

Wusste Lux Guyer, dass himmelgrau gestrichene Räume heller und grösser wirken als reinweisse? Wir müssen es annehmen, denn auf Dutzenden Farbproben haben wir gut erhaltene Leim-, Kalk- und Ölfarben in sorgfältig abgestuften, hell leuchtend farbigen, doch eben selten weissen Schattierungen gefunden. Die «Obere Schiedhalde» wurde bei der Renovierung mit diesen Farben unter Einsatz der Originalpigmente wieder ausgestattet.

Die Sockel- und Staubleisten, Fensterrahmen und Metallbauteile haben unbunte und unauffällige Farben, die im ganzen Haus gleich sind. Die Wandfarben selbst sind unterschiedlich, in sich jedoch meist einfarbig gestaltet. Zimmer mit Nordausrichtung oder Orientierung zur Hausmitte zeigen graublaue und perlgraue Farben, die sie grösser und heller wirken lassen. Die nach Süden ausgerichteten Räume weisen zurückhaltend grüne und rote Erdfarben auf, deren Farbstich so minimal ist, dass diese niemals bunt, sondern wie in farbiges Licht getaucht wirken. Jedes Zimmer entfaltet

Guyer nutzte das in jeder Hinsicht aus. Ihre Hauptfarbe Himmelgrau, die sich aus Ultramarinasche, Champagnerkreide, Carrara-Marmor und Elfenbeinschwarz zusammensetzt, ist ein optischer Aufheller. Der nächste NCS-Farbton wird aus Titanweiss und synthetischen Abtönpasten gemischt. Die aufhellende Wirkung geht dabei verloren, Farbe ist Material. Wie ein Chamäleon passt sich die Farbe dem Raumlicht an und intensiviert sich im Schatten: Sie weitet, was eng erscheint, und hellt auf, was nicht dunkel sein soll. Die warmen Farbanteile des zarten Rosarots an der Fassade und im Wohnzimmer leuchten im Sonnenlicht, die Grauanteile in seiner Rezeptur halten sie aber so weit zurück, dass die Farbe nicht verkleinernd, sondern über farbige Schatten raumvertiefend wirkt.

Raum für Raum ist das Farbkonzept der «Oberen Schiedhalde» klug auf dessen Grundriss, die Lage am Hang und die Lichtverhältnisse des Ortes abgestimmt. Die Farben Lux Guyers verorten die Architektur im Umgebungslicht und schaffen – auch heute noch – ein wohltuendes Zuhause für die dort lebenden Menschen.

ANNETTE DOUGLAS

Lux Guyers Architektur wirkt offen und zeitlos – das lässt Raum, um zu experimentieren, bändigen, schichten, variieren und facettieren. Ich lese ihre Arbeit als Collagen, die Atmosphäre erzeugen. In der «Oberen Schiedhalde» bietet jede Blickachse eine Collage von Material, Farbe, Muster, Kontrasten, mal laut, mal leiser. Es ist ein undogmatisches Zusammenspiel, gekonnt komponiert. Als ich begann, mich mit Guyers Werk auseinanderzusetzen, staunte ich und war gleichzeitig voller Bewunderung für diese mutige Frau, Architektin und Unternehmerin. Mich beeindruckten ihr Ansatz, ihre erfrischende Technik und ihre Liebe zum Handwerk.

Die kolorierten Originalgrundrisspläne aus den 1920er-Jahren liessen die Raumcollagen bereits erahnen. Die Böden waren in Farbe, Struktur oder Materialität skizziert. So kombiniert etwa der Riemenboden im Wohnbereich helle und dunkle Hölzer wie moderne Intarsien. Im Eingangs- und Küchenbereich wurden schachbrettartig Kacheln oder Klinkerböden verlegt. Und diese Gestaltung war nicht auf den Innenraum begrenzt: Der Klinkerboden setzt sich im Aussenbereich der Veranda und zum Sitzplatz hin fort.

Die Fotografien aus jener Zeit gaben einen Eindruck davon, wie Guyer Innenräume gestaltete, ihre Affinität zum Textil war offensichtlich – im Stil näher der Arts-and-Crafts-Bewegung als am Bauhaus. In ihren Raumkompositionen überlagerte Lux Guyer Bodenmuster mit Teppichmustern. Die geknüpften oder gewobenen Teppiche waren Sammlerstücke mit entsprechender Geschichte. Sie konnten gleichermassen als Ausdruck der Wertschätzung des textilen Handwerks und unabdingbarer Teil ebendieser Raumcollage dienen. Die Häufung von Textilien in der Raumgestaltung entsprach gewiss damaligen Gepflogenheiten, war aber auch durch Guyers Umfeld geprägt. Ihre Schwester Rosie Guyer führte ein Modeatelier in Zürich. Zudem war sie mit den Künstlerinnen und gelernten Stickereizeichnerinnen Luise Meyer Strasser und Bertha Tappolet befreundet – alle waren Mitglieder des Schweizerischen Werkbunds (SWB).

Lux Guyer wählte Stoffe, die robust waren und sich charaktervoll im Material zeigten, mal unifarben,

---

1   Die Mikronisierung ist ein Vorgang zur Verkleinerung von Partikeln durch Vermahlen, bei dem alle Spiegelflächen zerschlagen werden. Titanweiss, das farbgebende Pigment industrieller Weiss- und Pastelltöne, sowie die Eisenoxidpigmente, die Mineralfarbenhersteller einsetzen, sind nur noch in mikronisierter Form verfügbar. Man erreicht mit dünneren Farbschichten eine bessere Untergrundabdeckung, diesen Farben fehlt aber in jeder Tönung die Tiefe.

mal kariert, bedruckt oder bestickt. Für das Sanierungsprojekt der «Oberen Schiedhalde» wurden daher Stoffe gewählt, die die Qualität des Handwerks wie auch die haptische Schönheit des Textils zum Ausdruck bringen – ein Zusammenspiel aus Technik, Material und Funktion. Und so sind die Vorhänge heute in Farbigkeit und Materialität Teil von Guyers Collagen. Die Tagesvorhänge aus italienischem Leinenstoff in gebrochenem Weiss wurden mit einer speziellen Drehtechnik (Lino) hergestellt. Gewalkte Lodenstoffe aus der Steiermark dienen der Verdunkelung. Die melierten Wollstoffe nehmen Bezug auf Struktur und Farbe der Wände: etwas bunter, aber in der Anmutung gleichwohl mineralisch, trocken, kreidig. In den Kinderzimmern hängen gemusterte Vorhänge, bedruckte Leinen- und Baumwollstoffe – «Strawberry Thief» und «Forest» von William Morris. Die Motive entstammen seinen Beobachtungen in der Natur, aus der Zeit der Arts-and-Crafts-Bewegung im Grossbritannien des späten 19. Jahrhunderts. In der «Oberen Schiedhalde» sind die Muster von Morris zum Teil nur angedeutet – collagiert – zu sehen, als Schal seitlich der Fenster. Auffallend bei Guyer, zumindest gemäss den historischen Fotografien, waren schliesslich die Vorhanghöhen. Die Vorhänge waren auf die Fenstergrössen massgeschneidert und reichten nicht zwingend bis zum Boden; dies wurde auch 2014 genauso umgesetzt.

Collagen erzählen Geschichten, es bleibt Raum für weitere Schichten und Kompositionen, für Sammlerstücke und für neue Objekte der Familie im Lux-Guyer-Haus.

SUBVERSIV ZEITGEMÄSS

ROGER STRUB

1931 setzte Casimir Hermann Baer den Titel «Zeitgemäss – doch ohne Sensationen» über einen Beitrag, den er zu der damals von Lux Guyer selbst bewohnten «Oberen Schiedhalde» verfasste und in der Zeitschrift «Das Ideale Heim» veröffentlichte. Fast subversiv zeitgemäss waren Guyers Bauten, weil sie eine direkte Reaktion auf die (selbst erfahrene) Unvorhersehbarkeit und Freiheit von Lebensentwürfen darstellten. Die Sensation fehlte ihnen, weil die unmittelbare bauliche Umsetzung gestalterischer Dogmen die Architektin schlichtweg nicht interessierte. Diese Kombination verleiht ihren Häusern auch heute noch eine frappierend entspannte Zeitlosigkeit. Ihr praktischer Gebrauchswert, ihre sich aus einer präzisen Massstäblichkeit ergebende Wohnlichkeit und ihre «Aneigenbarkeit» mögen Gründe dafür sein, weshalb die von Lux Guyer um 1930 erbauten Wohnhäuser nach bald hundert Jahren noch vollzählig erhalten sind. Im Lauf der Zeit sind die Häuser freilich alle umgebaut worden – in unterschiedlichem Masse. Im Falle des Umbaus der «Oberen Schiedhalde» waren es zwar nur wenige Veränderungen an der inneren Raumstruktur, allerdings durchaus solche, die grundlegende Elemente des Entwurfs von Guyer betrafen. Zu einem unbestimmten Zeitpunkt waren die Leichtkonstruktionen entfernt worden, welche die als «Kojen» bezeichneten Räume ausbildeten. Das Studio hatte damit die Prägnanz der T-förmigen Komposition verloren, die obere Halle das Element der bei Lux Guyer immer wieder auftauchenden räumlichen Wandelbarkeit. Ebenfalls war nach und nach die in den Fachpublikationen der 1920er-Jahre beschriebene innere Farbigkeit verändert oder vielmehr beseitigt worden.

Als «frei von gewollten Sensationen» könnte auch die Haltung der neuen Bauherr:innen und ihrer Architekten beschrieben werden. Sie fanden das Haus in wenig verändertem, aber insgesamt stark vernachlässigtem Zustand vor. Möglicherweise vermochte der Status eines Baudenkmals die «Obere Schiedhalde» vor allzu schnellen Blicken und Ideen zu bewahren, was man daraus machen könnte ... So kam das Haus in jene Hände, die es mit grösstem Vertrauen in die Kraft und die zeitgemässe Tauglichkeit des ursprünglichen Entwurfsgedankens behandelten. Ernstes und lustvolles Interesse an Angebot von Wohnlichkeit stand im Vordergrund. Sie haben sich auf die Entdeckung des Vorgefundenen konzentriert. Die sorgfältige «Lektüre» des Hauses führte in der Konzeption von Restaurierung und Ergänzung schliesslich zum Naheliegenden: Die typologischen Reparaturen betrafen ebenjene genannten, verloren gegangenen Elemente der Kojen. Die in Guyers Häusern in Varianten mehrfach auftauchende T-förmige Raumkomposition und die entsprechende Zuordnung der Fensteröffnungen wurde im Obergeschoss wiederhergestellt. Der Nachbau der Klappwände in der oberen Halle ist Teil der «Möglichkeitsräume», die das Haus anbietet – die Familie lebt diese Möglichkeit nun täglich, der Nachbau wird damit weit mehr als eine charmante Referenz an die Vorlieben der Architektin Lux Guyer. Die konkrete Gestalt der reparierten, ergänzten oder hinzugefügten Elemente entzieht sich dabei in wohltuender Weise der Diskussion darüber, ob die exakte Rekonstruktion, die gepflegte Differenzierung oder gar das Aufmerksamkeit erhaschende Füllen einer Lücke die Zielsetzung war. Denkmalpflegerische Theorie war bei der Sanierung der «Oberen Schiedhalde» vielmehr Werkzeug zur Strukturierung gedanklicher Prozesse und Mittel zur Verständigung, weniger Erklärungshilfe oder gar Legitimation. Entsprechend braucht das Resultat den Rückgriff auf die Theorie heute nicht mehr. Die Vorstellung, dass es geschah, wie es geschah, weil das Haus danach fragte, gefällt.

LUX GUYER   DAS HAUS «OBERE SCHIEDHALDE»

1928
Lux Guyer stellt anlässlich der SAFFA – der ersten Schweizerischen Ausstellung für Frauenarbeit in Bern – ein vorgefertigtes Musterhaus aus Holz vor. Den Grundtyp dieses Hauses erweitert sie in den folgenden Jahren um mehrere Varianten, von denen einige oberhalb von Küsnacht am Zürichsee realisiert werden.

1929
Beginn der Planungen zum Einfamilienhaus «Obere Schiedhalde». Der Entwurf ist eine etwas luxuriösere Version des auf der SAFFA vorgestellten Prototyps. Auf ihren Plänen bezeichnet Guyer den Entwurf auch als «SAFFA-Haus Typus D». Sie tritt hier – wie auch bei anderen Projekten aus dieser Zeit – sowohl als Architektin wie auch als Bauherrin auf. Das als Holzhaus geplante Projekt wird von der Gemeinde zunächst nicht bewilligt. Guyer passt das Projekt daraufhin an und führt es noch im selben Jahr in Massivbauweise aus.

Um 1930
Lux Guyer richtet das Haus mit ihrem eigenen Mobiliar ein und lässt die Räume von dem Winterthurer Fotografen Ernst Linck fotografieren.

1931
Zur Bekanntmachung und besseren Vermarktung ihrer Architektur bemüht sich Lux Guyer um eine Präsentation der «Oberen Schiedhalde» in Fachzeitschriften. Die Bilder des eingerichteten Hauses sollen auch die Alltagstauglichkeit ihrer Architektur zeigen. Belegt sind Publikationen in «Das Ideale Heim», Januar 1931, und in der deutschen Zeitschrift «Baukunst», August 1931.

1939
Lux Guyer übersiedelt für ein Jahr mit ihrer Familie von ihrem Wohnhaus «Sunnebüel» in das Haus «Obere Schiedhalde». Farbuntersuchungen lassen vermuten, dass Lux Guyer während dieser Zeit für das Haus ein neues, gewagteres Farbkonzept entwickelt hatte. Auch wenn das Haus «Obere Schiedhalde» sich heute wieder in seiner ursprünglichen Gestaltung präsentiert, ist im Rahmen der Renovierung auch diese zweite Farbfassung von 1939 detailliert und vollständig dokumentiert worden.

1947
Lux Guyer verkauft das Haus «Obere Schiedhalde».

1982
Das Haus «Obere Schiedhalde» wird ins kommunale Inventar schutzwürdiger Bauten aufgenommen.

2009
Im Hinblick auf eine mögliche Überbauung des Grundstücks wird im Auftrag der Gemeinde geprüft, ob es sich um ein überkommunales Schutzobjekt handelt.

2010
Aufnahme in das Inventar als überkommunales Schutzobjekt von regionaler Bedeutung.

2011
Erneuter Besitzer:innenwechsel. Das Haus befindet sich in nahezu unverändertem, jedoch sehr schlechtem Zustand.

2012–2014
Renovierung und Erneuerung der «Oberen Schiedhalde» durch Christ & Gantenbein und Sven Richter. Gestaltung und Wiederherstellung der Umgebung durch August und Margrith Künzel.

2014–2018
Sukzessive Möblierung und Einrichtung des Hauses durch die Bauherr:innen in Zusammenarbeit mit Annette Douglas und INCH Furniture.

Lux (Louise) Guyer wurde am 20. August 1894 als Tochter des Lehrers Heinrich Guyer und seiner Frau Elisabeth Guyer-Lips geboren. Sie wuchs zusammen mit zwei Schwestern und einem Bruder auf. Nach Abschluss der höheren Töchterschule besuchte sie – auch dank der Unterstützung ihrer Schwester Rosie Schnitter-Guyer – 1916 und 1918 die Kunstgewerbeschule in Zürich und belegte Kurse als Fachhörerin an der ETH Zürich. Zu ihren Lehrern zählten der Industriedesigner Wilhelm Kienzle, die Architekten Gustav Gull und Karl Moser sowie der Kunsthistoriker Joseph Zemp. Im Büro von Gustav Gull war sie zudem als Teilzeitmitarbeiterin angestellt. Von 1920 bis 1923 erweiterte Lux Guyer ihren architektonischen Horizont: Studienreisen brachten sie nach Paris, Florenz, London und Berlin. Wieder zurück in der Schweiz eröffnete Lux Guyer 1924 ihr eigenes Büro an der Bahnhofstrasse in Zürich und wurde damit zur ersten selbstständigen Architektin der Schweiz. Sie arbeitete immer wieder mit befreundeten kreativen Gestalter:innen zusammen, darunter Cornelia Forster, Adolf Funk, Amata Good, Claire Guyer, Luise Meyer-Strasser, Margherita Osswald-Toppi und Berta Tappolet. 1930 heiratete sie den Ingenieur Hans Studer, drei Jahre später kam ihr gemeinsamer Sohn Urs zur Welt. In den Kriegsjahren um 1940 betrieb Lux Guyer in ihrem damaligen Wohnhaus, dem Haus Sunnebüel, eine private «Schule für moderne Hauswirtschaft, Wohngestaltung und Gartenbau». Am 26. Mai 1955 starb Lux Guyer 60-jährig nach kurzer, schwerer Krankheit.

Zu ihren wichtigsten Bauten gehören neben dem an der SAFFA ausgestellten, vorgefertigten Typenhaus aus Holz verschiedene daraus abgeleitete, bemerkenswerte Wohnhäuser, darunter auch das Haus «Obere Schiedhalde». Weitere wichtige Werke von Lux Guyer sind die Frauenwohnkolonie «Lettenhof» in Zürich (1926/27), ein Ferienheim in Weggis (1927/28), das Frauenwohnheim «Lindenhof» in Zürich (1927/28), die Küsnachter Bauten «Villa im Düggel» (1929–1931), Wohnhaus «Untere Schiedhalde» (1929–1933), Wohnhaus «Rebhalde» (1929/30) und Villa «Kusentobel» (1933) sowie der Umbau «Restaurant zur Münz» in Zürich (1940, abgebrochen), das Haus für Betagte «Jongny sur Vevey» (1941/42) und das «Apartmenthaus im Park» in Zürich (1953/54, abgebrochen).

O. ANSICHT OST, UM 1930

U.L. ANSICHT SÜD, UM 1930

U.R. ANSICHTEN SÜD-WEST, UM 1930

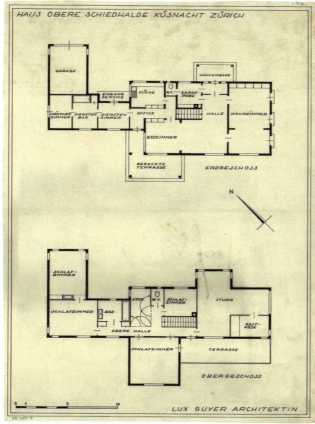

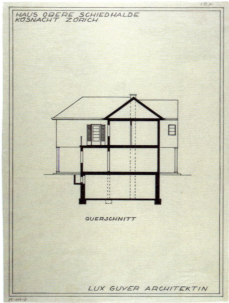

O. ANSICHT OST, UM 1930
U. PUBLIKATIONSPLÄNE LUX GUYER, UM 1930

O. WOHNZIMMER, UM 1930
U. HALLE / ESSZIMMER, UM 1930

O. STUDIO MIT BLICK AUF GASTKOJE, UM 1930
U. STUDIO, UM 1930

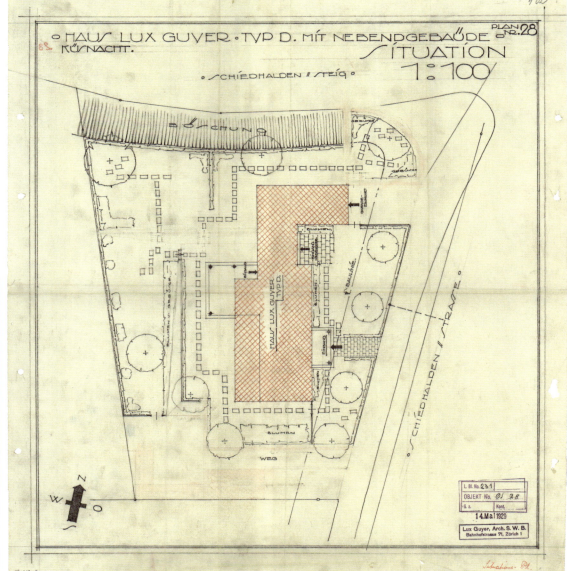

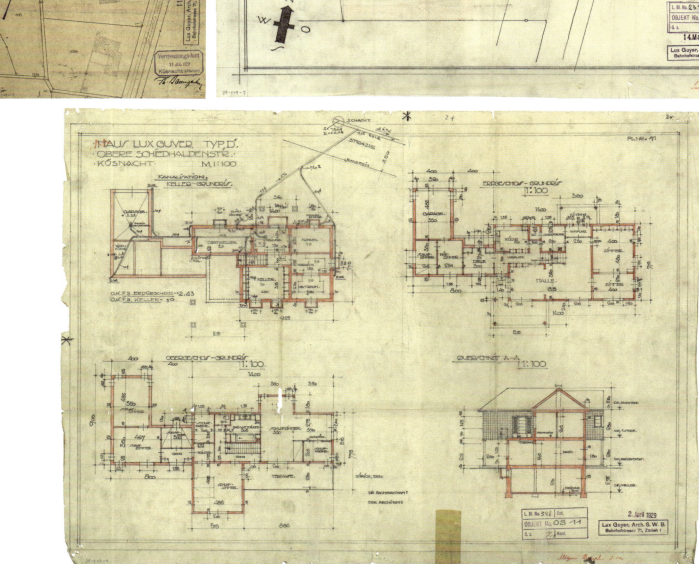

198

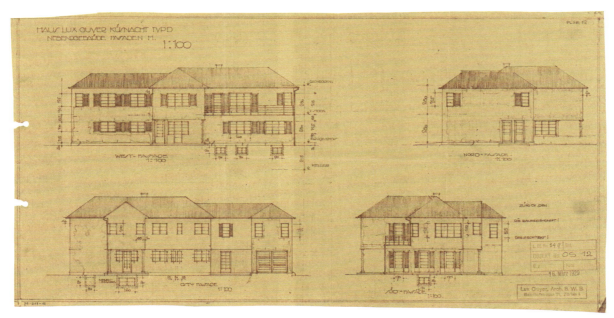

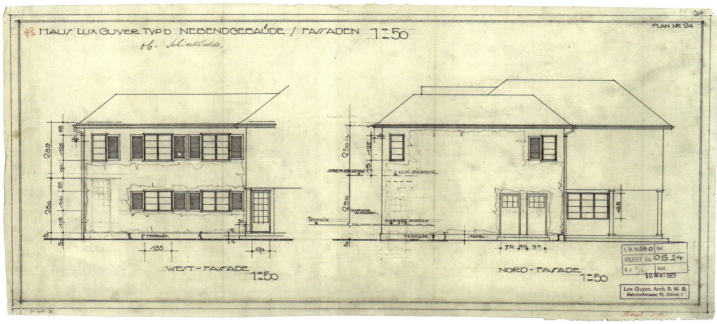

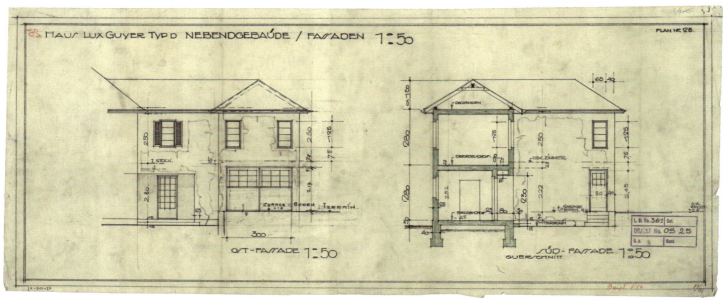

199

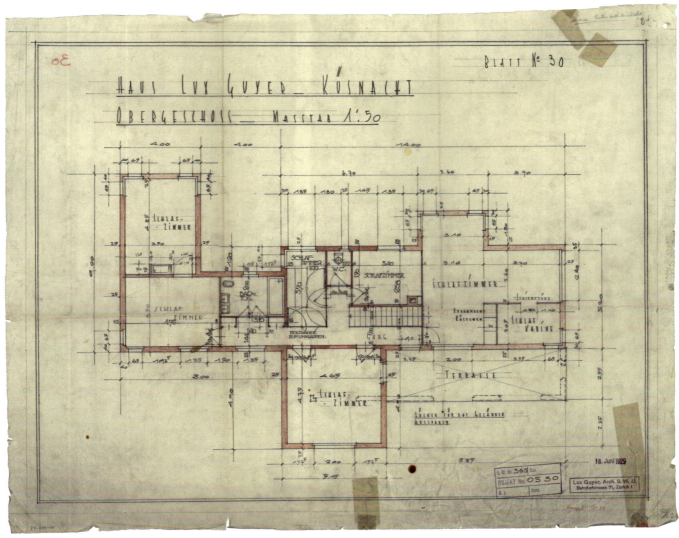

HAUS LUX GUYER — KÜSNACHT

OBERGESCHOSS — MASSTAB 1:50

18. Juni 1929

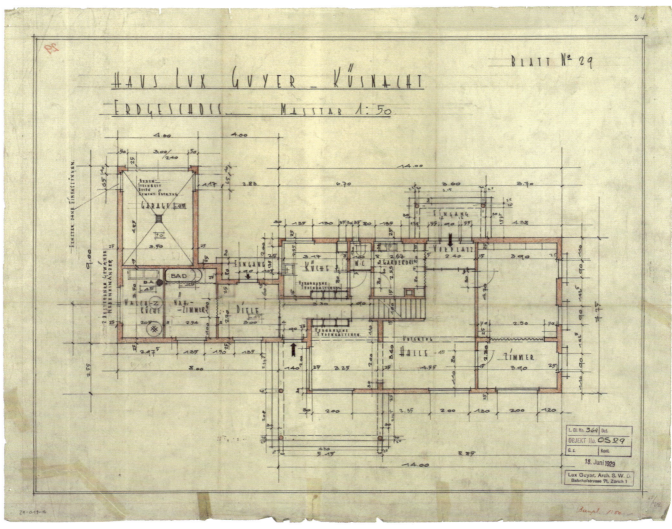

HAUS LUX GUYER — KÜSNACHT

ERDGESCHOSS — MASSTAB 1:50

18. Juni 1929

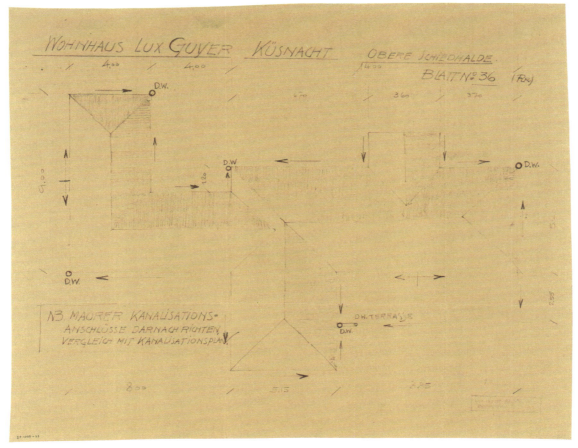

WOHNHAUS LUX GUYER KÜSNACHT   OBERE SCHIEDHALDE.
BLATT Nº 36 (Pk.)

N.B. MAURER KANALISATIONS-
ANSCHLÜSSE DARNACH RICHTEN,
VERGLEICH MIT KANALISATIONSPLAN.

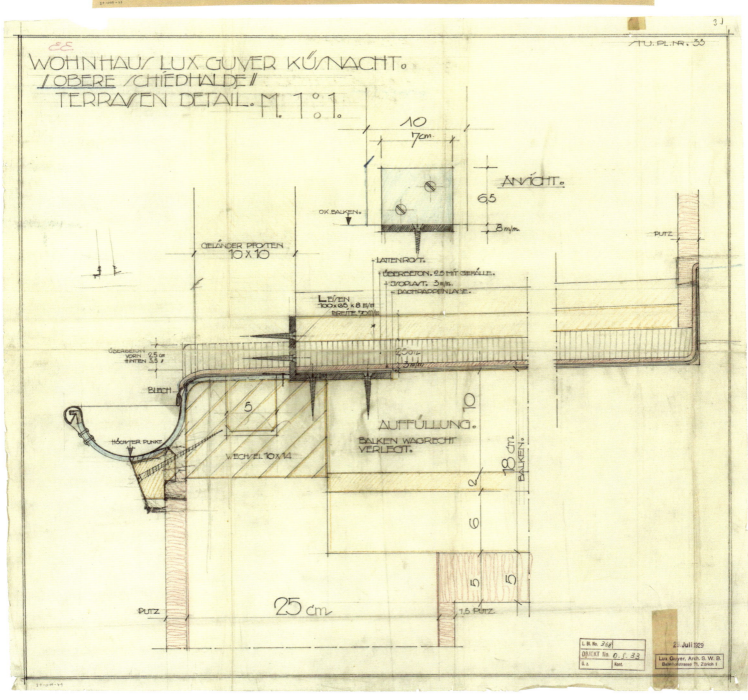

EE   STU. PL. NR. 33

WOHNHAUS LUX GUYER KÜSNACHT.
/OBERE SCHIEDHALDE//
TERRASSEN DETAIL. M. 1°1.

ANSICHT.

OK. BALKEN.

GELÄNDER PFOSTEN
10 × 10

LATTENROST.
ÜBERBETON. 2,5 MIT GEFÄLLE.
ISOPLAST. 3 m/m.
DACHPAPPENLAGE.

LEISEN
100 × 65 × 8 m/m
BREITE 70m/m

PUTZ

ÜBERBETON
VORN 2,5 cm
HINTEN 3,5

BLECH

HÖCHSTER PUNKT.

WECHSEL 10 × 14

AUFFÜLLUNG.
BALKEN WAGRECHT
VERLEGT.

BALKEN.

18 cm

PUTZ   25 cm   1,5 PUTZ

L. Bl. No. 364   25 Juli 1929
OBJEKT No. O. S. 33
                      Lux Guyer, Arch. S. W. B.
                      Bahnhofstrasse 71, Zürich I

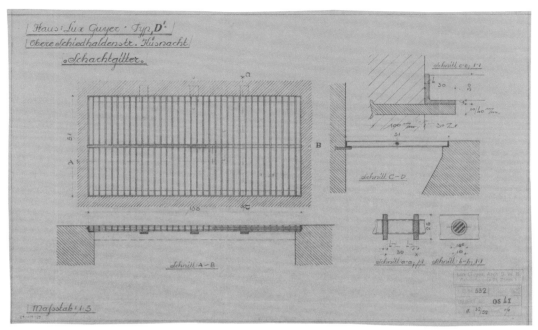

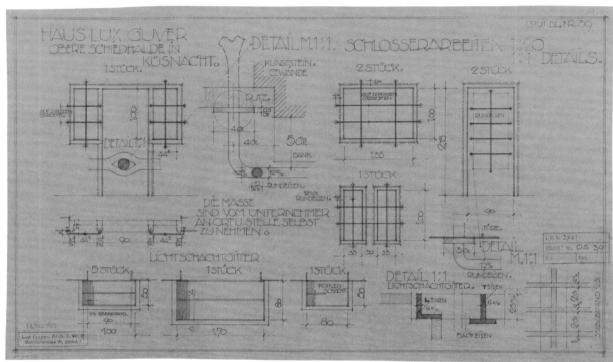

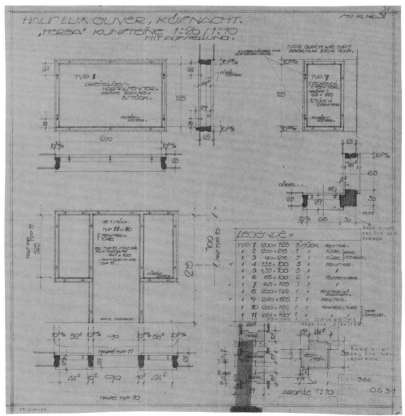

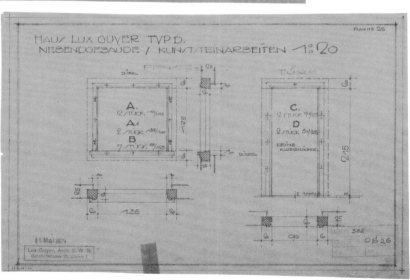

202

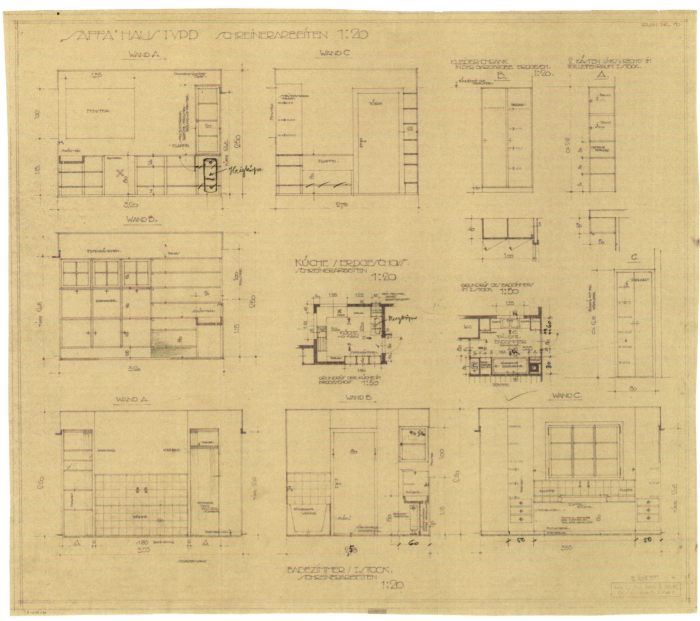

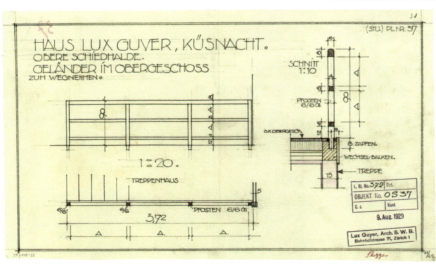

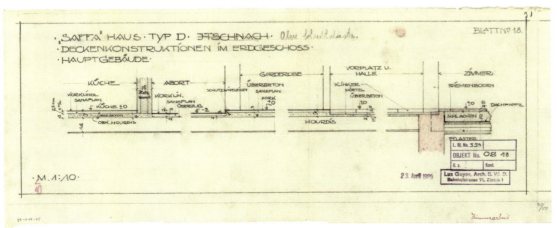

203

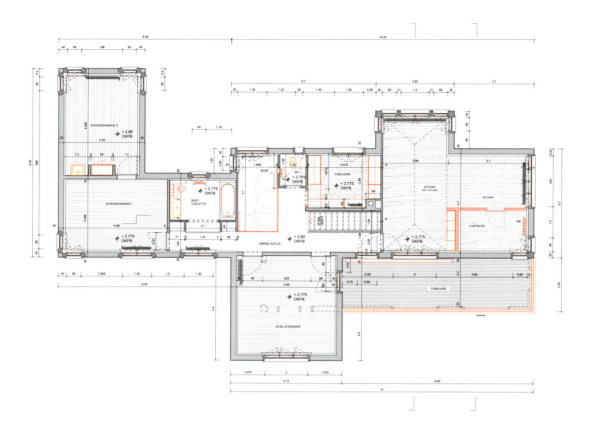

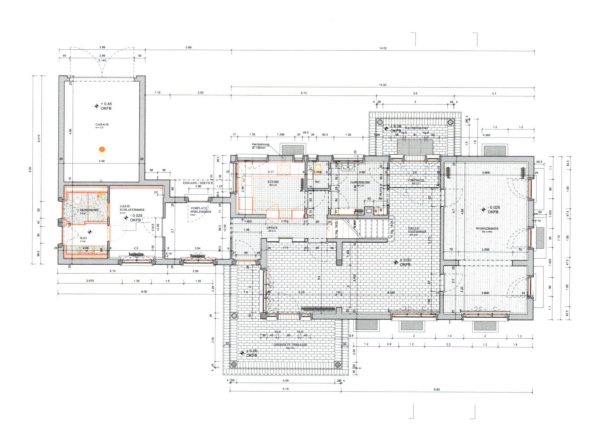

OBERGESCHOSS
ERDGESCHOSS

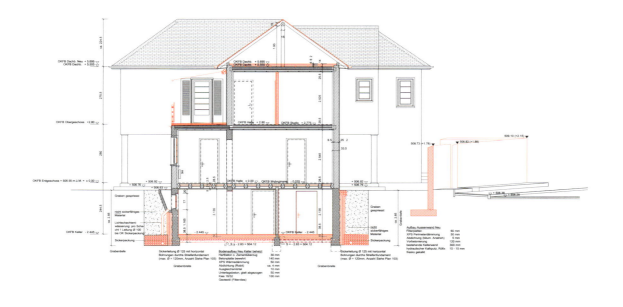

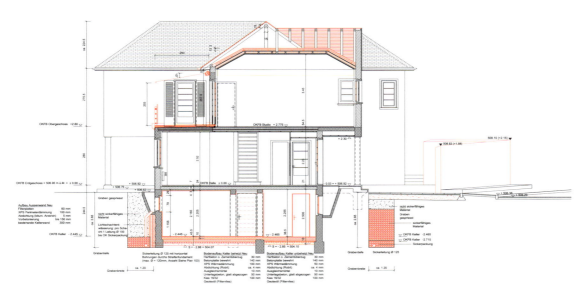

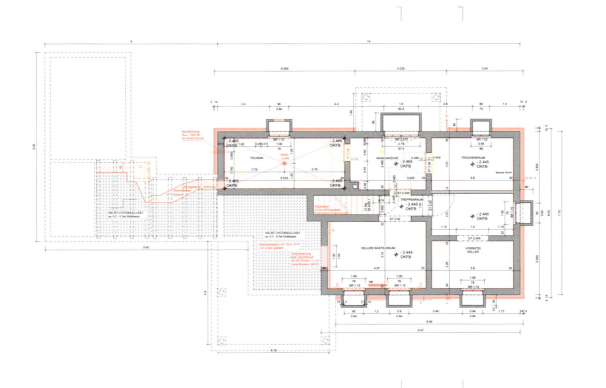

QUERSCHNITTE
UNTERGESCHOSS

1M   2M   5M

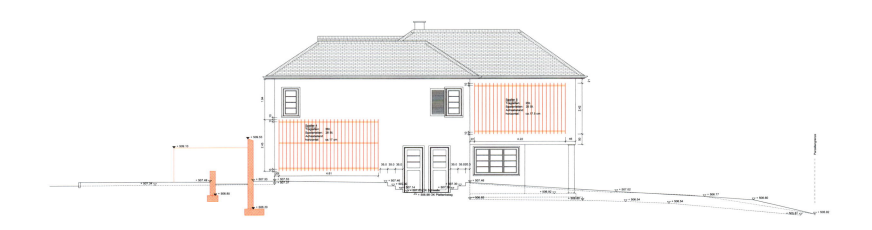

ANSICHT NORD
ANSICHT OST

ANSICHT SÜD
ANSICHT WEST

1M   2M   5M

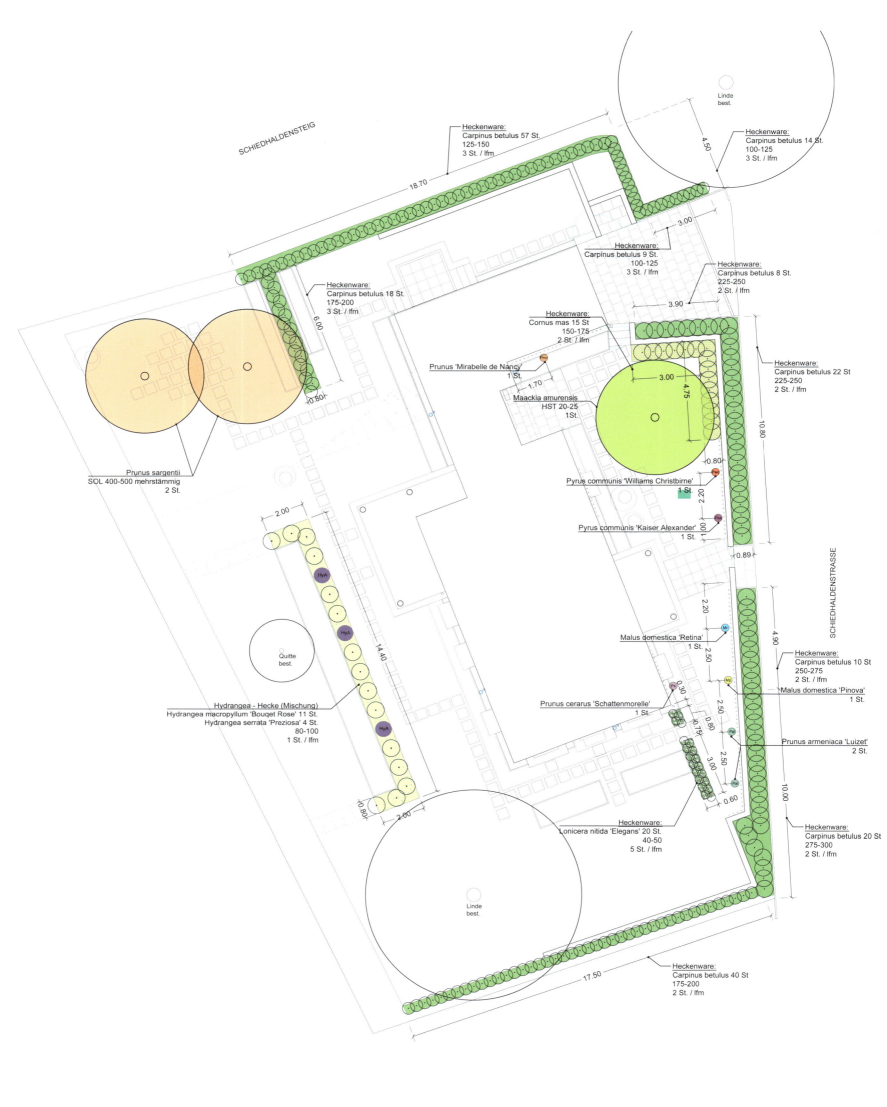

SCHIEDHALDENSTEIG

Heckenware:
Carpinus betulus 57 St.
125-150
3 St. / lfm

Heckenware:
Carpinus betulus 14 St.
100-125
3 St. / lfm

Linde
best.

4.50

18.70

3.00

Heckenware:
Carpinus betulus 9 St.
100-125
3 St. / lfm

Heckenware:
Carpinus betulus 8 St.
225-250
2 St. / lfm

Heckenware:
Carpinus betulus 18 St.
175-200
3 St. / lfm

6.00

3.90

Heckenware:
Cornus mas 15 St
150-175
2 St. / lfm

Heckenware:
Carpinus betulus 22 St
225-250
2 St. / lfm

Prunus 'Mirabelle de Nancy'
1 St.

0.80

1.70

3.00

4.75

10.80

Maackia amurensis
HST 20-25
1St.

Prunus sargentii
SOL 400-500 mehrstämmig
2 St.

Pyrus communis 'Williams Christbirne'
1 St.

2.20

Pyrus communis 'Kaiser Alexander'
1 St.

1.00

0.89

2.00

HyA

HyA

2.20

Quitte
best.

Malus domestica 'Retina'
1 St.

2.50

14.40

Heckenware:
Carpinus betulus 10 St
250-275
2 St. / lfm

4.90

Malus domestica 'Pinova'
1 St.

2.50

HyA

Hydrangea - Hecke (Mischung)
Hydrangea macropyllum 'Bouqet Rose' 11 St.
Hydrangea serrata 'Preziosa' 4 St.
80-100
1 St. / lfm

Prunus cerarus 'Schattenmorelle'
1 St.

0.30

0.80

Prunus armeniaca 'Luizet'
2 St.

0.75

2.50

3.00

0.80

2.00

Linde
best.

Heckenware:
Lonicera nitida 'Elegans' 20 St.
40-50
5 St. / lfm

0.60

10.00

Heckenware:
Carpinus betulus 20 St
275-300
2 St. / lfm

17.50

Heckenware:
Carpinus betulus 40 St
175-200
2 St. / lfm

SCHIEDHALDENSTRASSE

BÄUME, HECKEN UND SPALIERGEHÖLZE

Schlingpflanzen:
Clematis 'Domenika'
Rosa 'Albertina'

Flächenpflanzung:
Epimedium pinnatum

Schlingpflanze
Aristolochia manshuriensis

Gehölz
Nandina domestica

Flächenpflanzung:
Aruncus sylvesteris
25 St.

Gehölz
Rosa 'Mundi'

Flächenpflanzung:
Epimedium pinnatum

Mischpflanzung:
40% Crocosmia 'Meteor' 110 St.
60% Bergenia cordifolia 28 St.

Gehölz
Nandina domestica

Gehölz
Vitex agnus-castus

Gehölz
Rosa 'Mundi'

Pflanzbeet Hausbereich:

Stauden Hausbereich:		
Iris sibirica 'Caesars Brother'		40 St.
Nepeta x fassanii 'Superba'		36 St.
Salvia officinalis		22 St.
Lavandula 'Hidcote'		60 St.
Cistus laurifolius 'Peggy Sammons'	Con. 40-50	10 St.
Rosmarinum officinale	Con. 40-50	10 St.
Phlomis fructicosa	Con. 40-50	8 St.
Chasmantia lateritolia		9 St.
Zwiebeln:		
Galanthus elwesii		200 St.
Crocus tommasinianus 'Lilca Beauty'		300 St.

Gehölz
Fuchsia magellanica var. gracilis

Pflanzbeet Senkgarten:

Stauden Senkgarten:	
Malva moschata	18 St.
Alchemilla mollis	30 St.
Crosomia 'Meteor'	10 St.
Anemone 'Honorine Jobert'	14 St.
Geranium 'Spessart'	10 St.
Salvia nemerosa 'Ostfriesland'	14 St.
Sommerflor:	
- Verbena rigida	4 St.
- Cleome spinosa	8 St.
- Cosmos bipinnatus	30 St.
- Salvia farinacea	14 St.
Panicum 'Rahbraun'	4 St.
Einstreu:	
Aquilegia vulgaris	25 St.
Zwiebeln:	
Galanthus elwesii	300 St.
Scilla siberica	100 St.
Crocus tommasinianus 'Lilca Beauty'	300 St.

Gehölz
Spirea japonica 'Anthony Waterer'

Schlingpflanze
Wisteria floribunda 'Honbeni'

Unterpflanzung:
70% Fragaria vesca 95 St.
30% Crocosmia 'Meteor' 200 St.

Gehölz
Spirea japonica 'Anthony Waterer'

Unterpflanzung:
Brunnera macrophylla

Gehölz
Nandina domestica

Gehölz
Fuchsia magellanica var. gracilis

Unterpflanzung Linde best.:
- Campanula lactiflora
  weiss 5 St.
  blau 5 St.

Zwiebeln/Knollen:
- Galanthus elwesii
- Crocus tommasinianus 'Lilca Beauty'

Gehölz
Nandina domestica

Pflanzbeet Südgarten:

Stauden Südgarten:	
Bergenia cordifolia	18 St.
Geranium 'Spessard'	5 St.
Tradescantia 'Jackmani'	7 St.
Helleborus niger	11 St.
Anemone 'Honorine Jobert'	7 St.
Gaura lindheimeri 'Whriling Butterflies'	3 St.
Chasmantia lateritolia	3 St.
Einstreu:	
Verbena rigida	5 St.
Aquilegia vulgaris	8 St.
Zwiebeln:	
Galanthus elwesii	150 St.
Scilla siberica	100 St.

Gehölz
Rosa 'Mundi'

Unterpflanzung:
Brunnera macrophylla

KLEINGEHÖLZE UND STAUDEN

1M   2M   5M

Bibliografie

Zitierte Literatur
- Bachelard, Gaston: «Das Haus vom Keller zum Dachboden», in: Ders.: *Poetik des Raumes*. Berlin: Ullstein, 1975.
- Flusser, Vilém: *Gesten. Versuch einer Phänomenologie*. Frankfurt a. M.: Fischer Taschenbuch Verlag, 1994.
- Huxtable, Ada Louise: *On Architecture. Collected Reflections on a Century of Change.* New York: Walker & Company, 2008.
- Kubler, George: *The Shape of Time.* New Haven and London: Yale University Press, 1962.
- LeWitt, Solomon: «Notizen zur Konzeptkunst», zitiert nach: Ders., *Walldrawing 1176. Seven Basic Colors and All Their Combinations in a Square within a Square*, (Ausst. Kat. Josef Albers Museums Bottrop), Düsseldorf: Richter Verlag, 2006.
- Palmer, Michael: *Active Boundaries, Selected Essays and Talks.* New York: A New Directions Book, 2008.
- Studer-Guyer, Lux: «Ferienhaus E. Sch. auf der Lenzerheide», in: *Schweizerische Bauzeitung*, Band 127/28, Nr. 9, 1946.

Erweiterte Literatur
- Baer, Casimir Hermann: «Zeitgemäss – doch ohne Sensationen. Das Wohnhaus ‹Obere Schiedhalde› in Küsnacht am Zürichsee», in: Das Ideale Heim, Nr. 1, 1931, S. 7–13.
- Borst, Bernhard (Hrsg.): «Einfamilienhaus ‹Obere Schiedhalde in Küssnacht›», in: *Baukunst*, Nr. 8, 1931, S. 265–269.
- Claus, Sylvia/Huber, Dorothee/Schnitter, Beate (Hg.): *Lux Guyer 1894–1955 Architektin*, Zürich: Institut gta der ETH Zürich, 2009.
- Hauri, Raya: «Das Haus Obere Schiedhalde der Architektin Lux Guyer», in: *Domus Antiqua Helvetica*, Bulletin Nr. 72, 2020, S. 18–21.
- Huber, Dorothee/Zschocke, Walter: *Die Architektin Lux Guyer, Das Risiko sich in der Mitte zu bewegen*, Zürich: ETH Zürich, 1983.
- Huber, Dorothee: *Gutachten betreffend Abklärung Schutzwürdigkeit des Wohnhaus Obere Schiedhalde im Auftrag der Gemeinde Küsnacht*, 23.09.2009.
- Moll, Claudia: «Innen und Aussen als Einheit, Renovation von Haus und Garten der Oberen Schiedhalde in Küsnacht», in: *werk, bauen + wohnen*, Zürich: Verlag Werk AG, 2016, S. 16–21.
- Strub, Roger/Hüppi, Nina: «Wohnhaus ‹Obere Schiedhalde›», in: *22. Bericht der Zürcher Denkmalpflege*, 2019, S. 120–129.
- Verein proSAFFAhaus und Institut für Geschichte und Theorie der Architektur (Hg.): *Die drei Leben des Saffa-Hauses. Lux Guyers Musterhaus von 1928*, Zürich: gta Verlag, 2006.

Bildnachweis
Sofern nicht anders angegeben, sind alle Fotografien und Zeichnungen geistiges Eigentum der Herausgeber.

Vermessung
- Umschlag:
  vorne oben und hinten: Ludovic Balland
  vorne unten: Hans-Jörg Walter
- S. 62–87, 89, 91, 93, 95, 99–101, 103–105, 107–111, 113, 115, 117, 119, 123, 132–145: Ludovic Balland
- S. 10–61: Ludovic Balland und Hans-Jörg Walter
- S. 88, 90, 92, 147, 149, 151, 153, 155, 157, 160–176: Hans-Jörg Walter
- S. 94, 96–98, 102, 106, 112, 114, 116, 118, 120–122: Lilot Kammermeier, Sophia Krayc und Julia Lackner

Lux Guyer und das Haus «Obere Schiedhalde»
- S. 193–203: Die Abbildungen stammen aus dem Archiv des Instituts für Geschichte und Theorie der Architektur (gta Archiv), ETH Zürich.

Werk- und Detailpläne
- S. 146, 148, 150, 152, 154, 156, 158–159, 204–207: Christ & Gantenbein, Sven Richter
- S. 208–209: August + Margrith Künzel

Herausgeber:
Ludovic Balland, Emanuel Christ, Christoph Gantenbein, Sven Richter
Konzept für Buch und Fotografie:
Ludovic Balland mit Annina Schepping
Fotografie:
Ludovic Balland und Hans-Jörg Walter
Gestaltung Satz und Produktionsbegleitung:
Ludovic Balland und Annina Schepping, Typography Cabinet GmbH, Basel
Redaktion und Koordination:
Christ & Gantenbein
Übersetzung und Lektorat Deutsch:
Silke Körber, Berlin
Übersetzung und Lektorat Englisch:
Jill Denton, Berlin
Korrektorat Deutsch:
Inka Humann, Berlin
Korrektorat Englisch:
Dean Drake, West Yorkshire
Bildbearbeitung und Lithografie:
im formlabor, Lars-Ole Bastar & Martin Wellermann GbR, Hamburg
Druck und Bindung:
MUSUMECI S.p.A, Quart
Schrift:
Qwerty © Ludovic Balland; Waldeck © Isia Yurovsky
Papier:
Luxo Art Samt, 150 g/m²; Munken Polar Rough, 120 g/m², 90 g/m²; Peydur lissé, 135 g/m²

© 2023 die Herausgeber und Park Books AG, Zürich
© für die Texte: die Autor:innen
© für die Abbildungen: siehe Bildnachweis

Park Books
Niederdorfstrasse 54
8001 Zürich
Schweiz
www.park-books.com

Park Books wird vom Bundesamt für Kultur mit einem Struktur-beitrag für die Jahre 2021–2024 unterstützt.

ISBN 978-3-03860-253-8

Dieses Buch wurde gedruckt mit Unterstützung von
- Baudirektion Kanton Zürich, Natur- und Heimatschutzfonds
- Cassinelli-Vogel-Stiftung
- Crain-Zivy-Stiftung
- Ernst Göhner Stiftung
- Gemeinde Küsnacht, Hochbau und Planung
- holzmanufaktur SWISS AG
- Meier-Ehrensperger AG
- Mona Lisa Malerhandwerk aus Frauenhand
- Otto Gamma-Stiftung
- Scherrer Metec AG
- Stiftung Raum für Kultur Zürich
- Stromkreis GmbH

Danksagung
Ein herzlicher Dank geht an unsere wichtigsten Unterstützer:innen Delia und Samuel Christ. Als Eigentümer:innen und Bewohner:innen prägten sie sowohl die Sanierung des Hauses als auch die Realisation dieses Buches massgeblich. Ohne ihre stets klare Haltung, ihre Offenheit und das uns entgegengebrachte Vertrauen wären weder der eine noch der andere Prozess möglich gewesen. Wir danken ihnen für ihren unbedingten Willen und die unerlässliche Unterstützung, das Wohnhaus «Obere Schiedhalde» einem grossen Publikum zu öffnen.

Unser aufrichtiger Dank gilt allen Projektbeteiligten sowie Autor:innen dieses Buchs: Margrith Künzel, August + Margrith Künzel Landschaftsarchitekten, Yves Raschle und Thomas Wüthrich, INCH Furniture, Katrin Trautwein, Farbmanufaktur kt.COLOR, Annette Douglas, Annette Douglas Textiles, Roger Strub, Baudirektion Kanton Zürich sowie Anna Puigjaner, MAIO und Professorin für Architecture and Care an der ETH Zürich, und Julia Tobler, Richter Tobler Architekten.

EDITED BY
LUDOVIC BALLAND, EMANUEL CHRIST, CHRISTOPH GANTENBEIN, SVEN RICHTER

LUX GUYER
OBERE SCHIEDHALDE

RENOVATION

OF A HOUSE   FROM 1929

PARK BOOKS

ONE AND THREE HOUSES

> Every age cuts and pastes history to suit its own purposes; art always has an ax to grind [...] No 'historic reconstruction' is ever really true to the original; there is neither the desire nor the courage to embrace another era's taste. We keep what we like and discard what we don't.
>
> Ada Louise Huxtable

I.

BALANCING INTERVENTION AND INNOVATION: HOW TO READ A HOUSE

ANNA PUIGJANER

To intervene in existing architecture is both a historic and a historiographic exercise in design. This is because intervention not only modifies a body that encapsulates and reflects a moment in the past, but also does so in a way that directly influences how that body will be read in the future. Today, we see the "Obere Schiedhalde" house mainly through the eyes of its new inhabitants and in the light of its restoration and refurbishment by Christ & Gantenbein and Sven Richter. Yet this by no means invalidates other observers' viewpoints or personal associations when examining the project. This is why the present text seeks to convey the complex relations between the person looking, the house itself, and speculation about its past, present, and future.

As the art historian George Kubler states in his book *The Shape of Time*, our very idea of history is always informed by the here and now; every epoch has its own particular relationship with architectures of the past. Preservation therefore frequently serves political interests: what is deemed worthy of preservation is inevitably an ideological matter. These precepts are essential to an understanding of how the history of architecture has been written. To preserve or otherwise intervene in objects of the past is to shape history, retrospectively; and it calls for reflection on the limits of *authenticity*, a word that often provokes unease. *Authentic*—as if that were ever at all possible.

In contrast to the eastern, and specifically Japanese, cultures' beautiful understanding of historic preservation, the discipline in the western world is typically taken to mean strict compliance with the presumed origins of an object that has survived the ravages of time. To a large extent, the western approach denies architecture its metaphysical character by reducing it to its material condition. It is not possible, however, to detach architecture from its historical, cultural, and social contexts, from the life unfolding within it, from how its spaces are deployed, understood, and experienced. Architecture is necessarily contingent. Therefore, the way we perceive it changes over time, just as our culture does.

To return to Kubler's words: when preserving something essentially historic, we should not negate its contemporary self. When we try to think like Lux Guyer, or to design like her, we will always draw a blank. For even a plausibly respectful imitation is open to endless interpretation, quite besides the fact that objects whose original cultural framework may have vanished or changed forever cannot ever be read precisely as they were in the past. Any form of reconstruction or reenactment is a statement of opinion and, ultimately, some kind of doppelgänger, constantly harking back to an "original past" that cannot ever be revived in its entirety.

Today, preserving historic architectures that still seem precious accordingly demands of us a highly nuanced appraisal not only of what they once were but also of how best to convey that condition using our palette of modern tools. The restoration and refurbishment of the Obere Schiedhalde since 2014 attests the complexity of this retroactive aspiration.

The architects' determination to distinguish the work of Lux Guyer says a great deal about their own values and their consistent analysis of architecture in terms of typology and historic strata. It is never easy to critically address and build on something that one hugely admires. All the more credit to the architects then, for having accomplished precisely this, with meticulous care.

Architecture with a Social Character

Today, Lux Guyer is renowned for her work on domestic projects which had a radical—yet tacit—social character. From rethinking housekeeping through spatial innovation to lowering housing costs through novel construction methods, her designs aimed to improve social welfare. And yet, a closer look at her houses gradually reveals that their alleged radicalism consists in a great number of subtleties and an aversion to convention. Many articles of the time insist on this latter aspect. Her architecture was held to be highly contemporary while avoiding many commonplaces of the New Objectivity (*Neue Sachlichkeit*) trend.

True, her architecture looks quite ordinary at first glance, and yet there is always something too large, or out of place, or ambiguous about it, or something that works differently than how we might expect. The transgressions are nuanced but loaded with significance. The floor plans for the "Obere Schiedhalde" also attest this multidimensional approach. The typically modern fluent transition between spaces is achieved through enfilades but also balanced by the recurrence of corners and spaces that momentarily give cause to linger: the dining area, the original ladies' sitting room off the hallway, the T-shaped studio with its three "pochés" and foldout bunks; all of these serve as counterpoints to the smooth flow of space, especially so on the second floor. These "spatial corners and pocket rooms" (to quote Venturi) are sometimes equipped with sliding doors and modular walls that allow them to be shaped at will to the inhabitants' needs and desires. The domestic sphere is thus understood as performative and versatile: "accommodation" in the truest sense of the word, namely "to make fit for," or "to adapt as convenient." For instance, the corridor on the upper floor can be temporarily widened: firstly, by folding away the modular walls, and secondly, by connecting it with a bathroom normally concealed behind a sliding door. Thanks to this last device, a space that is supposed to be private and intimate can become part of the public arena. And suddenly, scenes that are not supposed to be exposed enter into the visible realm of the everyday, thus transgressing prescribed social norms and domestic taboos.

Similarly, an extra door in the "master bedroom" (the parents' room) gives some latitude to how bodies engage within that particular space, dismantling conventional behaviors in a gentle and noncoercive manner. The bedroom has two doors, which give onto the aforementioned corridor and are situated each to one side of the double bed—so inviting its users perhaps to each go their own way. Thus, a bedroom that is meant to be shared still leaves room for individuality, embracing a subtle form of ambiguity much like Marcel Duchamp's infamous door that he installed in his Parisian apartment at 11 rue Larrey in 1927: a device that reminds us of the vague nature of architectural limits. Duchamp's door, which was intended to solve the problem of not being able to close off the bathroom and bedroom from the main space, was hinged on two frames, in such a way such that it could be open and closed at the same time—a paradoxical situation that confounded the natural and implicit logic of the door per se. Ironically, his work, as in the case of Guyer's doors and modular elements, used design to emphasize both the continuity and the discontinuity of space and thus its capacity to subvert prescribed domestic categories. Whatever is or is not acceptable within the house changes over time, and the architecture acts as a mediator of these cultural transformations. Guyer's house is the epitome par excellence of this malleable condition of the home. And yet, having a door on either side of a shared bed or making the toilet visible to all are radical propositions still to this day; they unveil our inherent spatial biases, and invite us to think about new ways of living, and new domestic categories and epistemes.

Lux Guyer's interest in all the pedestrian patterns and nuts and bolts of everyday life went beyond spatial arrangements, also encompassing construction systems and in-depth research into the efficiency of means. Her keen awareness of industrialization led her to design the now famous modular timber house presented in 1928 at the SAFFA fair, an exhibition organized by feminist associations to discuss the growing precarity of working women's labor since World War I. This "SAFFA house," as it came to be known, emerged at a moment of conflict: the demand for women's rights against the backdrop of economic crisis. Guyer had become hea architect of SAFFA in 1927 and, probably owing to bot the agenda and the financial constraints, had develope a prefabricated system that allowed the entire fair to b built with relatively limited means. After this initial su cess, Guyer's subsequent houses could literally be rea as further iterations and refinements of her prototyp in which slight adjustments and improvements wer implemented, one by one. The "Obere Schiedhalde" i a part of this family, and represents a single step in th continuous evolution of a typology.

Inside/Outside: In Dialogue

It is a great pleasure to see the quiet restraint wi which Guyer treated the garden, letting its natural qu ities shine through by eschewing "over-design." In pa ticular, this marks a contrast to the artificial, or eve forced, use of plants by some advocates of New Obje tivity, whose concern lay rather with structurally ef cient and formally simple design. The original 1920 black-and-white photographs show that initially the were no fences here either, and the trees planted the were an important counterpoint to the volumes of th house. This conception of the garden as an archite tural device demanded of Christ & Gantenbein, Richte and Künzel a careful approach, posing the always de cate question of how preservation might be extende beyond inert matter to living organisms and the fund mental concept of landscape.

The clever and purposeful interventions thus co cerned both exterior and interior objects: inside/ou side in dialogue. The importance of both areas for th conception and perception of space and the *hom comforts* it may offer has often been overlooked b architectural historians. Even today, and especially i the context of historic preservation, structural an architectural elements are frequently prioritized ov the surfaces, objects, and feel of the interior design, i line with a rigid hierarchy. Indeed, except for histori graphical or philological reconstructions, at times n far removed from a kind of museification, the latt "superficial" elements are often entirely excluded fro the architectural canon. All the more important the in this particular project, to respect Lux Guyer's use fabrics, color, materiality, textures, furniture, an objects as integral features of her architecture.

The success of this renovation relied as much o generic architectural operations as on preservation the "gesture." Gesture should be understood her probably as the philosopher Vilém Flusser defined i "a form of expression following a specific intent." Th abstract ornamentation provided by the changing col planes and patterns and by the millimetric precision bands of colored paint and tiles creates a plastic an rhythmic sequence. The enfilades frame spaces that a thrown into contrast by the use of colors and texture so permitting the playful alternation of continuity an discontinuity, whenever surfaces frame a backgrou plane (and especially in the case of the Chinese blu linoleum flooring or the checkered pattern of the ceilin The house could be understood as a set of glimpse and framed vistas. Certainly, the use of patterned su faces is a hallmark of Guyer's work, a gesture th depending on its form and application, either reinforce the fluidity of connections or stresses the introspectio of certain ambients. It is interesting to see these app ently secondary motives—a deliberate form of abstra ornament relatively common in heterodox modernism play out as meta-referential links within her work: fro the stripped facades of the SAFFA exhibition to th flooring of the living room, from the beautiful checke pattern ceiling of the *Gymnastiksaal* in the Rudolp Haus (1931, also in Küsnacht) to the Vermeer-esqu kitchen flooring or the corridor ceiling on the upper flo at the "Obere Schiedhalde". Striking throughout Guyer' œuvre was her use of the standardized solution, whic she continually translated or adapted to new circu stances—a notably contemporary serial approach t design. One such solution was her standard floor pla which she replicated with only slight variations, depen ing on the site (as if a virtual catalog of architectur solutions could emerge from this straightforwar approach); this probably constitutes the most radic and modern achievement in her practice. This boo likewise focuses on seriality, and its catalog of object and actions consistently follows the logic underlyi Guyer's work.

II.

PUBLISHING ARCHITECTURE: AN APPROXIMATION

The space of the page is taken as a site in itself.
Michael Palmer

As Joseph Kosuth reminded us with his artwork *One and Three Chairs* from 1965: the object, its image, and its descriptor may share a common essence and yet they are each a discrete entity in their own right. The work comprises a wooden chair, a photographic print of an identical chair, and a printed description of the meaning of *chair*. By inviting us to consider that all three formats are simply alternative representations—one chair, three chairs—each valid in its own way, the artist's novel composition compels us to question how the concept *chair* might be most accurately characterized. In thus drawing our attention to a tripart coded approximation of reality, it simultaneously spotlights the ambiguous relationship between the representative and the principal. It provokes us to reflect on the idea of originality and what *original* means. As in the case of the three chairs, the present volume—a compilation of objects, photographs, and text—has a character and originality all of its own. It enables us to approximate the Obere Schiedhalde" house and to read it in a particular manner: as *One and Three Houses*.

Anyone familiar with the work of Christ & Gantenbein and Sven Richter might easily imagine that an eye for qualities as well as synchronized ways of seeing would underpin their preservation of Lux Guyer's house: synchrony, in its sense of temporal coincidence, the simultaneity of events or phenomena, in the same way that thoughts converge and spin out in constructive exchange. Something similar happened between the house and this publication. The editors have spent time enough experiencing, analyzing, and refurbishing the house to become personally related to its past and present. This book now somehow embodies that relationship: it mirrors the possible synchronies between the architects, the inhabitants, and the house itself. In a sense, therefore, this publication, too, can be regarded as one aspect of a coded approximation of reality.

Publishing architecture initially requires precise reflection on the relationships between what is real and what is represented—an operation not without its paradoxes, and which often generates complex plots. Rather often, an object, its image, and its descriptor each ultimately take on a life of their own. In fact, one of the conceptual obstacles generally faced by canonical editors determined to show *architecture itself* (if such a thing is even feasible), is the sheer impracticability of publishing or transferring the object.

Even assuming that we could realistically transpose architecture, true to scale, to a different medium, we must keep in mind that aspirations to represent architecture, however legitimate they may be, will always simultaneously transform it. When architecture is published and turned into a stack of paper sheets, it is stripped of both its essence and its fragile connections to the reality and practice of design: its *utilitas*, or function, as well as its context. But this very gesture throws into sharp relief our own role as spectators to this paradox. What to do when faced with the impossibility of uniting the object and its representation? In a sense, what is born of this impossibility is an invitation to expand the self-imposed boundaries of the discipline, be it architectural or editorial. The exposition gains autonomy, breaks away from the original, refutes the superiority of the original over the copy. The result is a novel and consistent reading of the existing architecture, a parallel universe in which objects, their images, and their descriptors enter into dialogue on an equal footing. The imaginary and the real intermingle, conceptual dimensions are given physical weight, and vice versa. Architecture is thus at once to be grasped as a form of both broad narrative and critical editorial production, a reflection on humans, their environment, and their future, as well as on the past and all it can teach us.

Evolution in Image and Text

This book goes beyond the ostensible historical preservation and refurbishment of the "Obere Schiedhalde" and places great emphasis instead on a new reading of the whole undertaking. Its content reflects and perpetuates the precision and methodological *caretaking* which characterized the reconstruction project, and becomes one further step in that same project. It converts today's understanding and experience of the house into a series of images that pinpoints moments in the historic building's lively evolution. Of course, images can work in many different ways at the same time. It is impossible to reduce them to a single dimension, be this a documentary or an objective one, or even something else entirely. This book acknowledges the slippery and multilayered nature of visual codes. Thus, although the photographs were produced in a structured and scientific manner, each chapter has its own particular character.

For instance, in the chapter "Innen, Aussen" (Inside, Outside) a sequence of shots taken at the same distance from, and on both sides of, each exterior wall of the house culminated in a catalog reminiscent of laboratory radiographs. Here, the element that separates two discrete but adjacent spaces paradoxically serves also to unite them. This diptych structure provides an unlikely Janus-faced perspective on serially unfolding and to some degree abstracted counterparts. In wholly different ways, the slight variations in the exterior and interior elevations, be it the position of the windows, the subtle colors, the objects on the wall, or whatever, successfully balance this abstraction with a myriad of sensations: an imaginary and physically infeasible promenade, whereby the gaze can actually travel through walls. A vision is created in which simultaneity becomes a tool for the representation of architecture, as a result of one simple instruction: set the camera lens at the very same height and distance from the plane of each and every wall. This systematization of an action allows a place to be described through the sum of its fragments, each of which, in its autonomy, can be beautiful and visually fluent. It is an attempt to capture a place by imposing on it an overall logic. Or, as Sol LeWitt put it, in his infamous "Paragraphs on Conceptual Art": "It means that all of the planning and decisions are made beforehand and the execution is a perfunctory affair. The idea becomes a machine that makes the art."

But to repeatedly follow a single instruction is by no means a neutral mechanism that ultimately subdues the image. On the contrary; it is precisely this iterative method that brings to light detail and nuance. Objects in the foreground gain a new presence. Objects on the wall add a new layer and specific atmospheric notes to spaces that, without this rigorous system, might well go unnoticed. The camera's uniform position equably divides and frames each space. Objects and architectural elements appear thus on the margins of the images as fragments, partly eluding the frame. Inasmuch as they simultaneously belong to an interior and an exterior scene, these figures play a dual role. Similarly, the painter Edgar Degas used to truncate the body parts on his canvas, to stress the fictional and snapshot-like quality of a scene. Likewise, the photographs in this book: by enabling us to see through walls, they speak of what is there and what is not, at one and the same time. These images must be read therefore as open-ended narratives. They do not presume to definitively describe a space, but rather invite speculation about it.

Similarly, the photographs in the chapter "Begegnung im Haus" (Encounters in the House) show two scenes in parallel, divided by a wall. The wall acts as a filter between the two events, partly interrelating them, partly prioritizing one activity over the other. Within this duality, the residents in their everyday routines are staged as actors. Their lives appear as a sequence of gestures. In these images, habitation, or dwelling, is represented as a temporal instance, a point at which interaction, causality, and chance converge.

In the chapter on the garden, the impossibility of pinning down, even for a moment, an entire environment with its living creatures and the shadows it casts, brings home to us, and compels us to accept, the complex and shifting character of historic preservation. Dedicating a chapter to the design of the garden speaks volumes about its relevance to the overall project.

And thus understanding the constructive nature of images, it is of interest to analyze not only the photographs created for this book but also those taken under Lux Guyer's supervision. Of particular significance are the exterior photographs shot by Linck, soon after the house was finished and Guyer herself had moved in. The east facade, with the main entrance, is presented in winter. In defying the harsh weather—snow and freezing wind—its solid bulk seems almost to strike a pose: a robust demonstration of disinterest in any kind of modernity, present solely in the abstract, almost schematic aspect of the volume in its entirety. The overall impression of irreality is broken only by the branches of the trees that frame the image—and by the simplicity of the architectural elements. Windows seem, indeed, to be nothing more than ordinary windows. Doors are doors. The pitched roof becomes almost a tautological form under the heavy fall of snow. Conversely, in the photos of the southwest facade, taken from the garden, the snow has vanished and, despite the low midday shadows, the vegetation offers some hints that spring is on its way. In these sunny and vibrant images, the house appears radically changed. Gone, now, that sense of irreality, the abstract model-like aspect of the house under snow. This facade of the house—framed by trees, one at each edge of the image—appears to follow the logic of the enfilade within. In these black-and-white images of the facade, in which its pastel pink is lost, the wide-open shutters in their slight modulation describe a continuous band, a virtual ribbon window or *fenêtre en longueur*. Especially in the second image, shot from slightly further away and subtly foreshortened, the volume's bulk seemingly dissolves into a non-loadbearing, outward-facing wall, giving onto the garden's carefully selected vegetation, which gracefully demarcates several outdoor dwelling spaces.

The Catalog as a Tool

It is interesting to reflect on this catalog in the light of its broader role as a tool with which to examine those elements potentially of use above and beyond the present architectural and publication project. By serially presenting in these various chapters a number of items of a random nature, the book pursues an analytical process in which the whole is conveyed by means of its fragments. The fragments accordingly gain a certain autonomy; they are liberated from the specificity of the project while yet allowing its innermost conception to be understood in depth. Of course, one of the beautiful uses of the idea of the series in this book is to present the individual items not as abstract, standalone elements, but as parts of a whole: elegantly isolated from their context or highlighted within it. Christ & Gantenbein have always taken a sophisticated approach to images, visual references, and books, and, by extension, they reflect always on the role of these both as elements of architectural discourse and as tools of (spatial) analysis. Recall, for instance, their delicate *Pictures from Italy*, in which the photographs do not simply bear witness to an objective physical reality, but also condense the architects' intently inquiring gaze.

In this project, historic preservation goes beyond materiality and instead engages with the ethos of the place, in acceptance of its mutable condition. And hence we remain aware that the "Obere Schiedhalde" will never cease to change. The architecture of the house and its multiple representations form a polyhedral entanglement and converge in a whole, wherein the realm of the possible expands reality itself. In this way, profound reflections on the present, the past, and their shifting interpretation over time become patently clear: *one house, three houses*.

1 Ada Louise Huxtable, *On Architecture: Collected Reflections on a Century of Change*, New York: Walker & Company, 2008, p. 1.
2 George Kubler, *The Shape of Time*, New Haven and London: Yale University Press, 1962.
3 SAFFA: *Schweizer Ausstellung für Frauen Arbeit*, Bern, 1928.
4 Vilém Flusser, *Gestures*, Minneapolis: University of Minnesota Press, 2014, p. 7; trans. by Nancy Ann Roth. First published under the title *Gesten. Versuch einer Phänomenologie* by Fischer Taschenbuch Verlag: Frankfurt, 1994.
5 Michael Palmer, *Active Boundaries, Selected Essays and Talks*, New York: New Directions Paperbook, 2008, p. 218.
6 Sol LeWitt, "Paragraphs on Conceptual Art," in *Artforum*, 5:10, Summer 1967, pp. 79–84.

LUDOVIC
BALLAND

There is one feature of books that people seldom consider, but which fascinates me greatly. Generally, when you open a book, only two pages are visible—just two, regardless of the overall number of pages. If you stack and bind the individual pages, the result is the so-called volume, also known as the text block, or the body of the book. Place the volume upright or flat on a shelf and it looks like a closed container. Yet pick it up and reduce it again to its slight component parts—one leaf weighs in at 150 grams per square meter, in the present case—and these individually cut leaves yield fragments of an original sequence. They are tomographic images that reveal the volume's inner spatial structure: its anatomy.

The present book is about a residence built by the architect Lux Guyer—a portrait of the "Obere Schiedhalde." To portray a house in 3D is a vain hope or even a sheer impossibility. All endeavor amounts at best to an optical illusion. Even when a wide-angle lens is used to obtain as much information as possible in each shot, the likeness is never more than an illustration or an anecdote. This book seeks to distance itself critically from illusions of that sort. Just as a volume has to be taken apart to reveal its structure, so too does a house: disassembly alone allows its individual components to be better reproduced and understood. In order for the object as a whole—the house, namely—to remain intact and operational, "taking it apart" actually translates into "meticulous analysis," which is to say: a careful survey and a photographic record of all the relevant data and parameters. This precise procedure serves discernment and identification. The survey as a method to photography and publishing makes it possible to render visible and accessible the diverse aspects of a house and its restoration. Here, the subdivision into distinct topics supports a view of the architecture that cannot claim to be exhaustive. It is a record of the present which serves the future through recourse to elements from the past. In order to be able to create this inventory and do justice to its complexity, different surveying methods were devised specifically for each topic. The result is an anatomy of a private house: an inventory of the "Obere Schiedhalde."

Inside, Outside

The chapter consists of thirty-four pairs of images juxtaposing the interior and the exterior of the house. For the interior shots of each wall in the house, the camera was consistently set up at the very center of a room, at a height of one and a half meters. The same walls were then photographed from the outside, from the same distance and at the same height as indoors. This method of surveying changed the role of the wall, positioning it not as a dividing element, but as a membrane instead. It could now be read as a light-sensitive object, exposed on each side to an opposite pole of a spectrum. Thanks to the consistent perspective, our gaze can pierce walls and pan around the house; and since the size of each space determines what can or cannot be seen—exactly how much of it falls within the frame—the photographs impart a sense of volume, confinement, density, composition, and sequence, despite the spaces never being shown in their entirety.

The Garden

The chapter includes two series of shots of the garden, each with a different focus. One series takes the garden path to be a matrix: each section of the path was photographed from above, from the same height. The survey method highlights the various available routes, each branching off towards a clearly delimited or implicit "room" within the garden, such as the dining area. What is shown is neither the expanse of the garden nor, with rare exceptions, its horizon, but rather its architecture. The other series focuses on the plants that flank and define the path and separate the outdoor spaces.

Encounters in the House

The chapter deals with circulation within the house, which is to say, the traffic routes between its interlocking spaces. Two distinct photographic surveys were undertaken. The first focused on the action of one or more persons within a single space. The static camera was positioned always at the same height. These snapshots highlight the parallel uses to which a space is put. The second survey shows the interrelation of concurrent actions unfolding in contiguous spaces. As in the chapter "Inside, Outside," the wall separating two spaces from each other thereby becomes an invisible membrane. It is no longer a dividing element, but one that reflects and connects different activities within the house. Since the camera was always set up within the door frame, it was able to precisely document the different facets of, and transitions between, adjacent spaces.

Furniture and Color, Materials

The first part of the chapter presents an inventory of the furniture in the form of technical drawings. The interior furnishings of the house were sourced from a great variety of places and periods. To facilitate comparison of the diverse items, the drawings were made to scale and in a uniform style. The second part of the chapter is a photographic survey of the types of flooring and floor covering, which vary from room to room. All the images were shot from above, from the same height, rather like a scan.

(Re-)Constructions

In the first part of the chapter, various objects in the house—window handles, sinks, radiators, and cabinets—are shown true to size, at a scale of 1:1, along with a technical drawing (if available) indicating their respective function. The second part is a photographic survey of these and other details at various scales. It would have been ideal to shoot the formal qualities, colorfulness, materials, structures, traces of use, and surfaces of these objects in close-up, as the sole focus. But this is rarely feasible in the case of fixtures and fittings. Therefore, miniature mobile photo studios were built from thin metal sheets and used to isolate each object from its setting.

Thanks to the editorial concept and diverse surveys behind the present volume, it offers a completely novel experience of architecture. By presenting the highlights and particularities of the "Obere Schiedhalde" exclusively, in all their singularity, it invites readers to play their part, namely to compose at will, in their mind's eye, a new entity that is infinitely more than the sum of its parts.

EMANUEL CHRIST,
CHRISTOPH GANTENBEIN,
SVEN RICHTER

The project to restore and breathe new life into the "Obere Schiedhalde" residence of Lux Guyer is extraordinary in every respect. It all began with a stroke of luck. The clients came upon the house above Küsnacht unexpectedly, while searching for a suitable home for their young family, and although the long vacant and somewhat neglected property didn't look particularly inviting at first, they immediately recognized its architectural value. They soon learned why it had been on the market so long: as a designated national heritage site, this gem of Swiss architectural history is subject to manifold rules and regulations. Thus, it was a rather unusual detached family dwelling, a monument in fact—and perhaps no place for a young family to lead a normal life. And would it be possible, we wondered, to update the house with élan and inspiration, without destroying its historical character? In conversation with the architects, it was agreed that embarking on the comprehensive preservation and restoration of the unique house would be an adventure, certainly, but well worthwhile.

Given the technical, architectural, and financial challenges up ahead, this was a courageous or even idealistic step—and, from the architects' viewpoint, a once-in-a-lifetime opportunity. The vision was clear. Far beyond any purely preservationist brief, the project was to be an ambitious experiment in contemporary design that would raise the bar regarding not only all the existing features but also the proposals for the future of the house. Such great aspirations called for a tailor-made interdisciplinary team with expertise in architecture, landscape architecture, construction research, furniture design, textile design, and color design. Every last technical and aesthetic detail of the planning, construction, interiors, and, not least, the matters of everyday life were to be laid down in a master plan. One apt analogy might be a carpet, artfully woven from numerous colored yarns, which together result in a wonderfully dense tapestry of varying patterns; another, a centuries-old mural that has been often retouched, repaired, and painted over. A close inspection reveals countless layers, each with its own signature—which is also how we like to imagine the Schiedhalde project and its diverse team.

Just as we would tackle a historic mural by first examining and analyzing its various layers, so too with the landmarked building: the first step was to understand what kind of house we were dealing with. Of course, we were aware that the "Obere Schiedhalde" was a milestone in architectural history, a brick-built variation on Lux Guyer's renowned visionary prototype for a modern, practical, emancipatory lifestyle, which she had presented in 1928 at SAFFA, the first Swiss Exhibition for Women's Work. The original SAFFA house was of timber but Guyer built for the longer term at Küsnacht—in response to local building regulations—as well as on a slightly more generous scale: adding a side-wing comprising a maid's room and a garage. We began thus with meticulous research into the building, exposing and analyzing paint layers on the facades and interior walls, and combing archive materials for details that would help us figure out which of the surviving fittings and features were original, as well as how the house had initially been furnished and, indeed, used in daily life. All these data and insights informed our planning and designs.

Yet faithful restoration of the original was not the only matter of concern. The most pressing problem, at the start, was how radically the surroundings had changed since the house was built. While the lot in 1925 was a largely pristine patch of land in an idyllic landscape, far beyond the city limits, the Schiedhalderstrasse in Küsnacht is now a busy link road, flanked in part by a densely built mixed bag of housing—and this loud and ugly traffic artery threatened to obliterate the nuances of Lux Guyer's small-scale house.

The remedy for this was a wall, the sole aspect of our project remotely resembling an urban development (and our most visible intervention by far). It protects the historic house and, in a sense, restores to it its immediate surroundings. True, at two meters high, the wall at first glance looks somewhat brutal and forbidding. Yet it soon becomes clear that this radical caesura serves to open up a space in which the house is once again able to breathe. In the architecture of Lux Guyer, interior and exterior space belonged together and were always directly interrelated, with great precision. The garden can be seen from every room, and vice versa—at least in the mind's eye—for the house is an open and permeable construct. This can be easily grasped on site as well as from the floor plans. In terms of look or function, every room in the house has its specific outdoor counterpart. This is equally evident outside, of course: there are variously sized glazed doors in each facade, and windows are often set close to, or over, a corner. It is impossible to call to mind the architecture of the house without simultaneously evoking its courtyard garden, terrace, flower beds, lawns, and orchard. These and the interior spaces comprise a single architectural entity; and now, thanks to the new wall, the sense of this complete and self-sufficient sphere has been restored, albeit with some slight modifications.

Upon stepping off the street, today, we find ourselves in a walled courtyard garden: a sequence of small spaces defined by gravel paths and paving stones among espaliered fruit trees, which sets the stage for the house, so to speak. After this remarkably idyllic first encounter, we enter the house—and instantly gain a sense of the garden beyond it. Just as the new streetside arrangement serves as a prelude to, and an extension of, the property's interior spaces, so, too, the garden now comprises a number of outdoor "rooms" and niches defined more or less loosely for one purpose or another. The restoration of the garden may be based on Lux Guyer's original plans, but it nonetheless reflects a wholly new concept. August and Margrith Künzel were responsible for the selection and arrangement of the plants. In order to reinstate the spirit of the house and the beauty of the location, it was necessary—paradoxically so, one is tempted to say—to completely redesign the entire outdoor space.

Unlike the landscaping, the house itself did not require a radical makeover. It was structurally sound, on the whole, and the door and window mountings, light switches, built-in furniture, and other such features were mostly still in place. It was soon clear that our efforts would need to be focused on repairing, refurbishing, and adapting the older elements. Only the basement posed a major technical challenge: owing to substantial seepage from the sloping site, its porous floor had to be replaced by a watertight, insulated concrete slab, and its walls by a protective envelope or second skin of concrete.

The building envelope above ground was likewise equipped for the elements: thermal and acoustic glazing was fitted throughout, and the first-floor ceilings were insulated. Such measures are fairly standard in any landmark preservation project. Architecturally speaking, the places of particular interest and appeal in the house were those needing to be restored to their original condition or adapted to modern needs: the first applied to both the overnight bunks and the studio; the second, to the construction of a wet room on the first floor. Here, we decided on an architectonic idiom that can be read both as contemporary and as appropriate to Lux Guyer's style—rich in detail and most striking. We strove for structures with clean lines and, hence, for optimal transparency and immediacy. Materials and their applications were both consciously staged. One might say, not so as to attain maximal abstraction (which is perhaps what certain contemporary architects would aspire to), but rather to make things as satisfyingly substantial as possible and so heighten their haptic and visual appeal. This was as much the case with, say, the safety glass splash guards in the new shower as with the modular wall elements in the guest bunks and, not least, the doors and gates in the new garden wall. Moreover, the architectonic project was perpetuated, complemented, and perfected by the selection of soft furnishings and furniture. Annette Douglas designed and produced all of the curtains, as a contemporary interpretation of Lux Guyer's cozy rooms. Tom Wüthrich and Yves Raschle developed, in cooperation with the architects and the clients, an interior design concept in which the surviving historical items were fused with contemporary furniture designs, including some specially commissioned pieces. This palimpsest of influences old, new, and bespoke imbued the house with qualities that can perhaps best be described as classic.

We regard the result as the most faithful possible reconstruction of Lux Guyer's marvelous architecture. At the same time, our work can perhaps be read also in its own right, as a respectful homage to Lux Guyer and her house. The present book, with its poetic-analytical perspective, endeavors by means of visual dissection and the survey to make the house itself and the team effort recently invested in it widely accessible. Accordingly, the photographs assembled here, along with the book design by Ludovic Balland, constitute a kind of explicative reflection of (and on) the design process. The latter synthesized the project, while the former parses its ingredients for all to see. Possibly this is the only way for us ever to grasp the subtleties and versatility of Lux Guyer's ostensibly straightforward architecture.

A FRAGILE BALANCE

JULIA TOBLER

The photographs in the "Inside, Outside" chapter attest a striking preference for overlapping layers rather than foreshortened perspectives. They look like abstract compositions of walls, delimiting space and yet perforated by windows and doors, so that we can see through them. They are a reminder of how, during the renovation, in the quest for the original surfaces and colors and the best means to consolidate and restore them, the conservator worked her way through the house with a scalpel, meticulously exposing layer after layer. "In its countless alveoli, space contains compressed time. That is what space is for," Gaston Bachelard wrote in his text "The House. From Cellar to Garret."[1] When walking through the rooms of the "Obere Schiedhalde," it is evident that the preservation of the historic substance and the recent restoration of the original layout also have served to crystallize, for our benefit, Lux Guyer's idea of how these spaces were meant to be lived in. And perhaps they also tell us a little of the eventful history of Switzerland's first freelance woman architect, who, before selling the houses she designed, liked to dwell in them herself.

After stepping through the gate in the streetside wall and traversing the courtyard and then the vestibule, one arrives in a large hall with a wide window at its far end, giving onto the garden. One has a sweeping view of the entire depth of the building, in fact, which amounts at most to a mere seven meters—astonishingly little, given the wealth of varied spaces that the house appears to offer. In the photograph of this first-floor hall, whose window onto the garden is aligned with the entrance, a long table intrudes laterally into the frame. The standpoint thus suggests a certain symmetry, but the hall extends to the right, running almost seamlessly into the so-called office, beyond which lies the dining area. Three sides of the office feature handsome floor-to-ceiling cabinetry, partially glazed, partially open, for storage and display, and with a serving hatch in the middle. The transparency and sense of flow in this layout is amplified, moreover, by the glazed door connecting the dining area with the terrace and garden. Here, too, Lux Guyer established a strong symmetrical sight line, only then to instantly dissolve it: for the axis drawn by the office, the dining area, and the terrace had no bearing on the placement of the windows in the kitchen's northern outer wall. Their position makes sense only when viewed from the courtyard, where, together with the bathroom and the vestibule windows, they lend cadence to the facade.

Apart from the bedrooms and bathroom, the upper floor is given over mostly to the studio. An open-plan space of this sort, with a T-shaped floor plan and a tent-like roof, can be found in almost all of Lux Guyer's family homes. Each arm of the T-plan features a different type of aperture: a French door to the southwest-facing terrace; a horizontal window with a garden view in the southeast alcove; and on the northeast facade, two over-corner "wraparound" windows. Thus, Guyer broke the overall symmetry—and made the most of the natural light—by putting the accent on particular glazing in each well-balanced section of the T.

Guyer seems to have decided on a case-by-case basis where to place a window or a (terrace) door. At times, the crucial factor was a garden view or a practical aspect of the interior layout; at others, the composition of the facade. This tension between the exterior and the interior logic is a recurrent theme in the "Obere Schiedhalde," and it results in a fragile balance. What was the architect's intention, when she mixed symmetrical volumes with windows on the outer edges of the facades, or with enfilades that incite a strong sense of flow? As one moves through the house, the eye, in its invariable search for regularity, repeatedly comes briefly to rest on local symmetries—only to be puzzled the very next moment by an aperture or a passage whose placement follows entirely other principles of order. It is almost as if we are caught up in a slipstream, propelled from room to room by the dynamism of the design. Moreover, this sense of being in sync with the house is reinforced, firstly, by the variety of circulation routes—the fact that certain spaces, such as the living room on the first floor or the master bedroom on the upper floor, can be accessed from more than one point—and, secondly, by modular elements that allow space to be adapted as required, as in the bathroom with its sliding doors, or the guest bunks with their folding walls. These rooms, spots, and niches can be inhabited in very different ways. And that it was indeed Lux Guyer's declared intention to create versatile architectures and thus ultimately accommodate shifting needs and moods is evident from a text she wrote about her vacation home in the Lenzerheide: "When a snowstorm is raging outside, a Swiss-pine-clad *Bündnerstube* is the perfect cozy hideaway [...]. [But] not even a cozy hideaway can stop you from heading out each day to stretch your legs. How low its ceiling soon feels; how overly small and narrow it all is. You end up wanting to tear down the walls with your bare hands! The upstairs studio was designed to take such feelings into account. Its open-beam ceiling is higher, its dimensions are airier."[2]

Lux Guyer succeeded admirably in creating at the "Obere Schiedhalde" diverse and fluid spaces for a broad spectrum of overlapping activities and interests. Her understanding of "living space" is valid to this day, it seems, because dwelling in this house still feels like the most natural thing ever.

GARDEN STORIES

MARGRITH
KÜNZEL

A garden is a world arrayed by human hands. Its orderly cultivation sets it apart from its surroundings and offers an oasis of calm and concentration. The discovery that plants can be cultivated was seminal to the invention of the garden. Agriculture likewise sprang from this awareness and, in combination with animal husbandry, enabled humans to pursue a sedentary lifestyle. Enclosures played a substantial role from the earliest days of gardening history, since they protected plants and animals from predators. It therefore comes as no surprise to learn that the word *garden* and its earlier Latin variant *hortus* derive from the Proto-Indo-European root *gher-* (later, *ghortos*), meaning *to enclose, to grasp*. The term refers to switches of willow, hazel, or other trees, which were rammed into the earth and in part woven together to enclose a patch of land. Besides fencing and plants, the defining features of a garden are paths, water supply, the people who tend it, and insect pollinators.

Over the centuries, a veritable garden culture developed, with a wealth of facets and forms of expression. Soon, the choice of plants no longer served self-sufficiency alone; other aspects grew in importance. Gathering, cultivation, propagation, and the question of where to plant proved crucial to the evolution of the garden's extremely rich formal idiom. There is now a highly diverse spectrum of garden typologies, in a seemingly infinite number. There is the paradise garden, the kitchen garden, the ornamental garden, the collector's garden, the residential garden, the architectural garden, the botanical garden, the dream garden, the Japanese garden, to name but a few. All gardens have one thing in common: the stories they tell reflect a particular social and personal environment.

Built on a former vineyard in 1929, the "Obere Schiedhalde" residence was one of the first developments outside the village core. The house and the garden were consciously planned as a single whole, with interior and exterior spaces harmonized from the very start. The surviving site plan unmistakably attests this meticulous homogeneous design. Sequences of small-scale and yet ample spaces are a feature of both the house and the garden, and the sight lines between them are strikingly underscored by the precise positioning of shrubs and flower beds. Extensive glazing amplifies this effect: views of the garden are omnipresent and, conversely, the garden ambience pervades the whole house. Guyer adopted the orthogonal layout, namely the formal idiom of the "architectural garden," which had emerged in the early twentieth century as a reaction to the late "landscape garden."

However, elements such as the "stepping stone" paths, the untrammeled shrubs, and, above all, the wide flower beds indicate a more liberal reading of the formal idiom and a shift toward the "residential garden." This design trend came to prevail in Switzerland in the early 1930s. Gardens were less strictly informed by architecture, the focal point now being charming arrangements of plants. The "Obere Schiedhalde" house and garden bear witness to Guyer's oscillating attachment to tradition and modernism.

When we were entrusted with the restoration of the garden, a voyage of discovery in garden conservancy began. Our goal was to revive the original garden design and carefully adapt it to the new situation. For the biggest change over the past eighty years or so concerned the immediate surroundings: intensive development of the former vineyard has turned the Schiedhaldenstrasse into a busy cantonal road. The challenge now was to protect the garden, not from intruders, but from the roar of traffic. Replacing the simple wooden fence with a perimeter wall was a significant improvement. There could be no question, however, of the two-meter-high wall serving solely as a sound barrier. Equally, it would have to play a convincing role in the garden. So, the wall was made of concrete, its surface roughened, and its inner side planted with a wooden trellis framework and a selection of espaliered fruit trees and climbers—in keeping with the surviving trellises on the east facade. This change in the streetside enclosure of the property slightly reduced the size of the courtyard yet gave it a more distinctive profile, too, in keeping with the original concept; it sets the stage for the house. The rest of the property is still bordered by hornbeam hedges, which we restored.

In essence, the garden is defined as ever by three "witnesses to the passage of time": its complete enclosure, the large lime tree at its south end, and the small hollow on its western flank. The original beds and paths had been altered or had disappeared completely, but the bold basic layout of the garden was well documented and could be faithfully reconstructed, on the whole. The garden is now once again structured by hedge bands as well as by beds for ornamental shrubs and stepping stone paths connect the individual "rooms" within it. By contrast, the dearth of information regarding the original choice of plants called for creative reinterpretation—of the two generous perennial beds for example: one situated in front of the living room, the other at the center of the west garden, from where it dips down towards the sunken garden. A mixture of summer flowers and low shrubs decorate these beds. On the one hand, we focused on garden classics, such as the hydrangea, an ornamental shrub with decorative umbels. On the other hand, we selected plants with striking flowers or variegated foliage, such as the blue three mast flower, the spider flower with its long protruding stamens, or the sky bamboo. The latter is an ornamental evergreen shrub with deciduous leaves that are red when they first unfold. Later they turn bright green on top, light green underneath, acquire an intense fall coloration ranging from yellow to orange to purple, and then turn green again in spring, without falling.

A new bed, planted with catmint, lavender, iris, rockrose, and other drought-tolerant flowering perennials, surrounds the entire house and marks a smooth transition from the architectural to the horticultural realm. In addition, newly planted trees lend stronger definition as well as shade to the courtyard and the alfresco dining area; the yellowwood, in the first case, and the two ornamental cherries, in the second case, stand as solitaires in their respective setting, like the original lime tree. The selection and composition of the trees and plants expresses a joy in the diversity of the natural world.

Now, as then, the "Obere Schiedhalde" garden is a world arrayed by human hands. Each change made in the light of Guyer's original layout added a new layer to the garden. The restoration made the palimpsest of meanings legible once more—simultaneously preserving and revitalizing garden stories.

1   Gaston Bachelard, "The House. From Cellar to Garret. The Significance of the Hut," in: Idem. *The Poetics of Space*, Boston: Beacon Press, 1994, p. 8; trans. by Maria Jolas. First published under the title *La poétique de l'espace* by Presses Universitaires de France: Paris, 1958.
2   Lux Studer-Guyer: "Ferienhaus E. Sch. auf der Lenzerheide" in *Schweizerische Bauzeitung*, 64:9, 1946, p. 109.

A HOUSE NOT ONLY FOR ARCHITECTS

ELIA CHRIST, SAMUEL CHRIST

You don't need to have studied architecture to feel at home in the "Obere Schiedhalde." Photographs of the house immediately caught our eye, when we were browsing real estate in 2011. At the time, we had neither heard of Lux Guyer nor delved deep into her remarkable work and impressive pioneering achievements as Switzerland's first freelance woman architect. But we decided to visit the house. Once there, we instantly felt a connection, despite the house looking rather forlorn at the time. Inside, it smelled of the previous owner's pets; from the outside, it seemed to be stranded on the busy cantonal road. But the charisma of the house was unabated: the unusual floor plan, the multilateral lighting of the rooms, the beautiful sight lines, the corners and niches, the "zebra" parquet. In conversation with the real estate agent, it soon became clear that we were the only interested party and that others had long been trying to sell the property, in vain.

Many obviously saw its landmark status more as a financial burden than as confirmation that the house was indeed an architectural gem. After being advised by various parties not to buy, we found in Christ & Gantenbein and Sven Richter people who shared our enthusiasm for the property. We decided to go for it.

The architects were prepared to take up the challenge of restoring and modernizing the house with their enormous expertise, a meticulous and creative attention to detail, and great commitment. The team was joined by further professionals with solid skills and knowledge of their craft, each of whom made vital contributions to the project. The cooperation of monument conservator Roger Strub proved invaluable. The same must be said also of the support given us throughout the project by Beate Schnitter, who, as the niece of Lux Guyer—and as a renowned architect in her own right—had advice and countless precious insights to offer. The "Obere Schiedhalde" is the work of a young woman full of energy and joie de vivre, whose levity and playfulness make themselves felt to this day. But equally, the house is the expression of an independent woman architect who managed to free herself from traditional guidelines—and from the dogma of nascent modernism—in order to self-confidently innovate and realize her own vision.

Given the significance of this architectural monument, the main goal, beyond the restoration, was to once again bring to light the visual qualities and inimitable feel of Guyer's style. The feat was accomplished with much tender loving care and a collective dedication to the smallest detail. After two years of planning and construction, we succeeded in integrating the house and garden into our altered environment and epoch—and count ourselves fortunate to have been able to witness the touching revival of this singular architecture.

It feels as if Lux Guyer already knew, back in 1929, exactly what would matter to us, almost a century later. The "Obere Schiedhalde" not only suits our taste but also meets our needs perfectly. By today's standards, the somewhat idiosyncratic floor plan may seem small, but we who live there do not feel cramped; on the contrary, we enjoy a great deal of latitude in these spaces. This "room to breathe" was amplified, moreover, by the respectful restoration. In the house there are several large open areas with plentiful windows, doors, and dual access—the hall, the living room, and the studio, for instance—each of which is perfect for spending time together in, as a group. Yet such convivial spaces are balanced by smaller spots for private retreat. The latter include the self-contained bunks in the studio, the children's rooms, and the guest room on the first floor. So far, the layout of the house has proven adaptable to various usages—the versatility that Lux Guyer foresaw truly serves us well.

Not for a single moment have we ever regretted the purchase of the "Obere Schiedhalde." We've had the pleasure of living in this house for eight years already, and it has become the hub of our family life, with the doors always open for relatives and friends. We feel it is a great privilege to live here. And we are delighted that Lux Guyer's work is about to become more widely known, thanks to this publication.

EMPIRICAL INTERIOR DESIGN

YVES RASCHLE, THOMAS WÜTHRICH

We often arrived at the "Obere Schiedhalde" with sheets of cardboard, roof battens, and material samples, to build 1:1 scale models of the furniture in the house. This empirical approach to the interior design helped us understand how Lux Guyer's architecture can be lived in, as well as the mutual effect of the space and objects there, and the logic of the spatial sequences. When we began our work, the house was already occupied, so we also got to know the inhabitants, a family of five. Their needs and habits—as well as the architecture and history of the extraordinary house—underpinned our selection of furniture and objects. So there were two sets of "residents" at the "Obere Schiedhalde." In the 1920s, Guyer was the builder, the architect, and the resident rolled into one. Barely a century later, we found ourselves looking at two lifestyles: a historical one, shaped by her, and a contemporary one, shaped by the family. Negotiating the two of them was an interesting balancing act.

Drawing on historical photographs enabled us to reconstruct and understand how Lux Guyer had furnished her rooms: playfully and without dogmatism, yet with a full-fledged, distinctive flair. We wanted to incorporate her candor into our designs. Guyer rarely used large and closed volumes, but rather small-format and open shelves or cabinets, on which she would present, say, a collection of ceramics. Our experiments with schematic models in the space confirmed that our furniture should likewise be small-scale, open, and dispersed. It soon became clear that following a single style principle or a predetermined master plan was not the answer. Instead, we created items of furniture one by one, in close collaboration with the client, in an organic process. The issue most frequently raised at the time was how the historical architectural references and the contemporary interior design should interrelate: Harmony or contrariety? Lux Guyer had shown us that material contrasts, ambiguous spatial configurations, and the categorical rejection of a uniform design would lead to beautifully modulated spaces.

For the living room on the first floor, for example, we designed a sofa that, depending on where the cushions are put, can also be a daybed, with space for books and other objects in its open rear side. The fabric design, created by Paul Smith for Maharam, lends the room some shimmer. A pair of armchairs, which is formally related to the sofa yet still a distinctive piece in its own right, provides further seating options. To round off the densely furnished space, there is a sideboard with shelves of blue quartzite; the same quartzite features in the two side tables, each individually styled as a cumulus cloud. A selection of light fixtures, curated in collaboration with Patrick Zulauf, adds a further cozy dimension: the poetic vintage brass luminaire by Tommaso Barbi suits the space just as perfectly as the u-turn, a modern-looking standing light by Michel Charlot.

These and other special objects were developed for the house, in close collaboration with the clients. The family took the same step-by-step approach to furnishing the rest of their home. They chose pieces from our INCH collections, sourced objects from selected manufacturers, and researched rarities and vintage classics. So, now, in the interiors of the "Obere Schiedhalde," modesty and grandeur shake hands.

COLORS THAT DEEPEN SPACE

KATRIN TRAUTWEIN

Did Lux Guyer know that painting rooms dove gray rather than pure white made them look brighter and more spacious? We must assume that she did, because in our dozens of samples of her work we have found well-preserved and carefully nuanced size-, lime-, and oil-based paints in luminous colors, but only rarely in white. For the restoration of the "Obere Schiedhalde", these colors were recreated using the original pigments.

Throughout the house, the skirting boards, window frames, and metal construction components are in the same discreet achromatic shade. The walls, for their part, vary in color but are mostly monochrome. Rooms facing north, or inwards to the core of the house, are finished in slate blue and pearl gray, which makes them look more spacious and brighter. The south-facing rooms, by contrast, reveal earthy tones of green and red, yet of so restrained a hue that they appear to be not so much painted as simply bathed in tinted light. A particular ambience thus unfolds in each room. Carefully conceived transitions from one mood to the next prove enchanting, propelling visitors through the ensemble—a special effect that white tones such as RAL 9010, RAL 9016, or NCS 0500-N could never conjure.

Moreover, the pigment particles in the samples were conspicuously coarse. This is a common characteristic of samples from the 1920s, and it makes paints highly reflective. In the work not only of Lux Guyer but also of Eileen Gray, Le Corbusier, Walter Gropius, and Luis Barragán, we have found these microscopic "mirrors" in every sample of paint. Which is not to say that the architects used to consciously order a particular grain of pigment. It was simply what the manufacturers supplied, for only in the course of industrial rationalization from 1950 on were the natural, coarse-cut pigments replaced by tinting pastes and micronized pigments.[1]

In Guyer's day, the formal properties of color systems and the principles underlying them were "dematerialized" or abstracted, to some extent, and it was left to psychology to investigate their impact. It is untenable, scientifically speaking, to distinguish either between color and form or between the colors of a particular material and those applied by a painter. We perceive objects in our field of vision in terms of color, and our spontaneous visual response influences our sense of comfort. The "Obere Schiedhalde" is living proof that color, light, and space can be harmonized.

The reflective pigments on the exterior walls of the house catch the rhythmic shifts of daylight and cast them into the house. This lends to the colors within that sudden translucent shimmer which makes Lux Guyer's architecture so fascinating to behold: the relationship between indoor and outdoor spaces remains in constant flux. Nature's lively play of light and shadow imbues the interior and deepens people's sense of place. Guyer made the most of this in every respect. Her base color of choice, a sky gray composed of ultramarine ash, champagne chalk, Carrara marble, and ivory black, can make a room seem brighter; yet it also adapts, chameleon-like, to the available light, expanding narrow spaces and illuminating dark ones. Color is matter, just as wood or laminate are. The closest Natural Color System paint consists of titanium white and synthetic tinting pastes. The lambent effect will thus be lost. Outside and in the living room, the warm components of the delicate rose paint cast a glow in the sunlight, but are restrained by the proportion of gray in the mix, such that they do not shrink the space but rather imbue it with depth through shadow play.

In room after room, in the "Obere Schiedhalde," the color design is astutely adapted to the floor plan, the sloping site, and the daylight exposure. Lux Guyer's colors clearly articulate the architecture in its own ambient light and thus create—to this day—a restorative environment for the people who live there.

---

1   Micronization is the process of pulverizing pigments, and it destroys all of their reflective surfaces. Titanium white, the base pigment in industrial white and pastel hues, and likewise the iron oxide pigments used by the manufacturers of mineral colors are now available solely in micronized form. While this means a better base coat (or primer) can be attained using thinner layers of paint, depth is lost, regardless of the color's intensity.

A CHAMPION OF COLLAGE

ANNETTE
DOUGLAS

Lux Guyer's architecture is frank and timeless. I see it as a form of collage that conjures ambient space. This leaves room for experimentation, restraint, layering, variation, and multiple facets. Every sight line at the "Obere Schiedhalde" presents a collage of material, color, pattern, and contrasts, loud at times, more hushed at others: an undogmatic symphony, skillfully composed. When I began to look into Guyer's work, I was astonished by this courageous woman, architect, entrepreneur—and full of admiration for her, too. Her approach, her refreshing technique, and her love of craft deeply impressed me.

The colored original floor plans from the 1920s were a harbinger of her collaged interiors. Flooring was already sketched out in hue, texture, and mood. The hardwood floor in the living area, for example, is a combination of light and dark timbers, like a modern intarsia. In the entrance and kitchen areas there are checkerboard tiles or clinker floors. Nor was this design limited to the interior: the clinker floor extends outdoors, to the terrace and the dining area.

Photographs from that period give an idea of how Lux Guyer furnished her interiors. Unmistakable is her affinity for textiles—which was closer in style to the Arts and Crafts movement than to the Bauhaus. In composing her rooms, Guyer overlaid patterned floors with patterned rugs. The knotted or woven rugs were collector's items with a correspondingly rich history. They are as much an expression of her appreciation of textile crafts(wo)manship as an indispensable part of this particular immersive collage. Certainly, the great quantity of textile elements was in line with the fashions of the day, yet Guyer's immediate environment also influenced her choices. Her sister Rosie Guyer ran a fashion studio in Zurich, and Lux was friends with the artists and skilled embroiderers Luise Meyer Strasser and Bertha Tappolet—both, like her, members of the Schweizer Werkbund, an association of Swiss artists, architects, designers, and manufacturers established in 1913.

Plain, checkered, printed, or embroidered: whichever soft furnishings Lux Guyer chose, they were hard-wearing and distinctive in design. For the renovation of the "Obere Schiedhalde," therefore, textiles were selected that attest premium artisanship and the haptic beauty it brings—the interplay of technique, material, and function. And the curtains, in terms of color and texture, are thus now a part of Guyer's collages. Day curtains, made of an Italian linen in off-white, were produced using the special Leno weave technique. Heavy fulled loden from Styria, in Austria, is used to keep out the light. The latter mottled wool textiles reference the structure and tone of the walls: slightly more colorful, but nonetheless mineral, matt, and chalky in appearance. In the children's rooms hang curtains of linen and cotton featuring "Strawberry Thief" and "Forest," two of William Morris's brightly patterned motifs inspired by his observations of nature, and first printed as part of the Arts and Crafts movement in late-nineteenth-century Britain. Elsewhere in the "Obere Schiedhalde," Morris's patterns are only hinted at—collaged—by a decorative panel to each side of a window. One last point is the length of Guyer's curtains, which, at least according to the historical photographs, was tailored to the height of each respective window and did not necessarily reach the floor. This was the case also with the curtains made in 2014.

Lux Guyer's collages tell stories but nevertheless leave room enough for further layers and compositions, collector's items, and new acquisitions by the family now resident in the house.

SUBVERSIVELY CONTEMPORARY

ROGER
STRUB

"Zeitgemäss—doch ohne Sensationen" (Contemporary—but strictly unsensational) was the title Casimir Hermann Baer gave to an article he wrote in 1931 for the magazine *Das Ideale Heim* (Ideal home) about the "Obere Schiedhalde"—where Lux Guyer herself was living at the time. Almost subversively contemporary might be the better way to describe Guyer's architectural projects, because they were a direct reaction to (her own) experience of the unpredictability of life and of everyday leeway and liberty. There was nothing sensational about them, because translating design dogma into bricks and mortar did not interest the architect one little bit. It is this which imbues her houses to this day with such studiedly casual timelessness. The sheer practicality and the comfortingly precise proportions of the houses built by Lux Guyer around 1930, and the ease with which they can be appropriated, as and how one likes, may explain why every single one is still standing. Admittedly, all of them have been converted to some degree. In the case of the "Obere Schiedhalde," the conversion amounted to a very few interventions yet nonetheless concerned fundamental features of Guyer's original design. It is not known when the lightweight modular elements used to create the self-contained "bunks" disappeared from the studio, but disappear they did. And thus was lost an emblem of that versatility found recurrently in Lux Guyer's work, in the form of an open-plan T on the upper floor. Likewise, the interior color design, enthused over by trade mags in the early 1930s, had gradually been altered or, more often than not, destroyed.

"Strictly unsensational" also aptly describes the attitude of the new owners and their architects. They found the house little changed, structurally, but in a state of overall neglect. Possibly, its status as an architectural monument had protected the "Obere Schiedhalde" from all too hasty appraisals and ideas as to what might be made of it…. In consequence, the house came into the hands of people whose approach to it was informed by a supreme confidence in the strength and contemporary merit of the original design. A serious and passionate interest in the matter of livability was their focus. They concentrated on rediscovering whatever had survived. This careful "reading" of the house culminated in a preservation and restoration concept that addressed the evident deficits. The typological repairs concerned precisely those aforementioned lost elements of the bunks. The T-shaped room, variations on which can be found in several of Guyer's houses, was to be restored, as was the original arrangement of the upper-floor windows. Reconstruction of the folding walls was to help reforge those "spaces of possibility" foreseen by Lux Guyer—and since the family now seizes upon such possibility, each and every day, this was far more than a charming reference to the original architect's preferences. The concrete manifestation of a repaired, consolidated, or added feature pleasantly eludes discussion as to whether the objective was exact reconstruction, neat differentiation, or even the attention-grabbing filling of a gap. In the restoration of the "Obere Schiedhalde," the theory of historical preservation was not so much an aid to explanation, or to legitimation even. Rather, it served as a handy tool with which to restore certain trains of thought and hone (visual) understanding. The outcome accordingly now has no further need of theory. It is a pleasure to think that things turned out the way they did, simply because the house called for it.

OBERE SCHIEDHALDE

1928
Lux Guyer presents her prototype of a prefabricated timber house at SAFFA. Over the following years she builds several variations on this model, some situated above the village of Küsnacht on Lake Zurich.

1929
Planning begins for the detached family residence "Obere Schiedhalde." Lux Guyer refers to this somewhat more luxurious version of the prototype as the "SAFFA House Type D." As with other projects in this period, she is both the architect and the client. Construction approval for a timber house is refused by the municipality, so Guyer adapts the design and realizes it within the year in bricks and mortar.

Around 1930
Lux Guyer installs her own furniture throughout the house and has the Winterthur photographer Ernst Linck document each room.

1931
To advertise her architecture, Lux Guyer endeavors to have journals feature photographs of the "Obere Schiedhalde." Articles in *Das Ideale Heim* (Ideal home, January 1931) and the German avant-garde architectural journal *Baukunst* (August 1931) show how well suited her architecture is to everyday life.

1939
Lux Guyer moves with her family from their "Sunnebüel" home to the "Obere Schiedhalde" for one year. She implements a new color scheme, bolder than the original one, now reinstated (and fully documented in the course of the recent research and restoration).

1947
Lux Guyer sells the "Obere Schiedhalde."

1982
The "Obere Schiedhalde" is listed in the municipal inventory as a historic landmark of local significance and placed under a preservation order.

2009–2010
In view of a proposed redevelopment of the site, the municipality reexamines the property and determines that it is a historic landmark of regional significance and hence still subject to a preservation order.

2011
The present owners acquire the house, which they find little altered, structurally, but in very bad shape.

2012–2014
Restoration and renovation of the "Obere Schiedhalde" by Christ & Gantenbein and Sven Richter. Design and restoration of the garden by August and Margrith Künzel.

2014–2018
Successive interior design of the house by the owners, in collaboration with Annette Douglas and INCH Furniture.

Imprint

Editors:
Ludovic Balland, Emanuel Christ, Christoph Gantenbein, Sven Richter
Book and photography concept:
Ludovic Balland with Annina Schepping
Photography:
Ludovic Balland and Hans-Jörg Walter
Coordination and copy editing:
Christ & Gantenbein
Translation:
Jill Denton, Berlin
Proofreading: Dean Drake, West Yorkshire

8

Printing and binding:
MUSUMECI S.p.A, Quart

© 2023 The editors and Park Books AG, Zurich
© for the texts: the authors

Park Books
Niederdorfstrasse 54
8001 Zurich
Switzerland
www.park-books.com

Park Books is being supported by the Federal Office of Culture with a general subsidy for the years 2021–2024.

This insert is part of the book *Lux Guyer – Obere Schiedhalde* (**ISBN** 978-3-03860-253-8) and is not available separately.